Terorisme dan Kekerasan di Indonesia

Sebuah Antologi Kritis

Hesti Wulandari

Dilarang mengedar, mereproduksi, menyalin, dan mendistribusikan seluruh konten dalam buku ini tanpa izin penulis.

Ini adalah buku nonfiksi.

Terorisme dan Kekerasan di Indonesia, Sebuah Antologi Kritis

Copyright © 2014 Hesti Wulandari.

All rights reserved.

ISBN 978-1-304-89063-4

Untuk keluargaku
Tercinta.

1

Esai
Terorisme

State Terror

Definisi dari state terror adalah sebuah tindakan terorisme atau berbagai bentuk kekerasan yang dilakukan oleh suatu negara terhadap warganya sendiri maupun negara lain[1]. Namun banyak pula yang berpendapat bahwa state terror ini baru dianggap sah bila pelakunya bukan dari pemerintah, karena yang dilakukan pemerintah adalah upaya untuk mempertahankan kedaulatan negara. Sejarawan Henry Commager menulis *"Even when definitions of terrorism allow for state terrorism, state actions in this area tend to be seen through the prism of war or national self-defense, not terror.*[2]*"*Commager dalam tulisannya tersebut menjelaskan bahwa apa yang dilakukan pemerintah, dalam hal ini yang bisa mengacu ke definisi state terrorism, harus dilihat dalam sudut pandang perang atau upaya pembelaan diri negara tersebut, bukan terror.

Banyaknya varian dari definisi state terrorism ini kemudian bisa dikelompokkan menjadi dua, definisi sempit dan definisi luas. Pada definisi sempit, tulisan dari O'Brien (2000)[3] bisa dijadikan contoh. Beliau mendeskripsikan state terror melalui kasus Stalin pada era Uni Soviet, dimana banyak warga yang dieksekusi, dipenjara, diasingkan di Siberia, atau di deportasi. Selain

---

[1] Aust, Anthony. *Handbook of International Law* (2nd ed.). Cambridge University Press, 2010

[2] Hor, Michael Yew Meng. *Global anti-terrorism law and policy*. Cambridge University Press, 2005

[3] Grabosky, Peter. *Crime and Terrorism*. Sage. (handouts)

warga di dalam negaranya, negara juga bisa menyerang warganya yang berada di negara lain. O'Brien member contoh kasus pemerintah Bulgaria yang membunuh pemberontak Georgi Markov di London pada tahun 1978. Bisa disimpulkan bahwa definisi sempit dari state terrorism mengacu kepada bentuk terorisme yang dilakukan oleh suatu negara terhadap warganya sendiri, baik yang masih berada di negara tersebut ataupun di negara lain.

Definisi yang kedua adalah definisi secara lebih luas mengenai state terrorism, yaitu bentuk lain dimana negara adalah sponsor dan fasilitator dalam tindakan terror yang dilakukan oleh pihak ketiga, seperti yang dikemukakan Huggins (1991)[4]: *"States may also provide assistance to another state in furtherance of the latter's terrorist activity."* Huggins memberi contoh pada kasus pemerintah Amerika Serikat yang menyediakan bantuan hukum kepada warga Amerika Latin yang represif pada rentang tahun 1970 dan 1980. Selain fasilitasi negara untuk menyerang negara lain, negara juga bisa menyerang sektor privat atau NGO. Seperti pada tahun 1985 dimana 2 agen Prancis mengebom Greenpeace di Selandia Baru. Contoh lain dari fasilitasi negara untuk terorisme juga bisa ditemukan pada Al-Qaeda dan Afganistan. Rezim Taliban di negara tersebut memberikan tempat bagi Al-Qaeda untuk bebas beraktifitas di negaranya.

Mengenai masalah setuju atau tidaknya dengan pendapat yang menyatakan state terror semakin kompleks bersamaan dengan derasnya arus globalisasi, saya setuju dengan pendapat tersebut. Semakin majunya teknologi komunikasi, maka internasionalisasi dari state terror ini akan semakin mudah untuk direalisasikan. Terlebih lagi globalisasi juga menimbulkan banyaknya kepentingan-kepentingan baru antara satu negara dengan negara lain. Contoh dari hasil globalisasi state terrorism adalah *Unholy Alliances* suatu aliansi ilegal yang melibatkan pemerintah dan organisasi kejahatan. Nicolic-Ristanovic (1998) mendeskripsikan *unholy alliance* sebagai *"established between politicians and organized crime which is given organizational form in ethnically-based paramilitary units.*[5]*"* Pada umumnya, bentuk aliansi semacam ini lebih mengarah kepada kepentingan suatu negara, dibanding dengan sebatas memperoleh keuntungan finansial, walaupun ada juga pihak-pihak korup yang memanfaatkan aliansi ini sebesar-besarnya dengan menggelapkan uang negara untuk kepentingan pribadi maupun politik.

Globalisasi dan kompleksitas state terror ini memang tidak dapat dielakkan, terlebih lagi organisasi terorisme semakin banyak. Mereka tentu membutuhkan teknologi komunikasi yang canggih dan aman, serta cara untuk membiayai kegiatannya. Dengan globalisasi, aktifitas mereka tidak terbatas pada satu negara saja, namun mereka bisa tetap bergerak walau anggotanya berada di negara yang berbeda, bahkan di dalam penjara sekalipun. Negara-negara yang memiliki kepentingan sama juga bisa dengan mudahnya bekerjasama dalam memfasilitasi kelompok teroris ini.

Di Indonesia, state terror dalam bentuk *Unholy Alliances* yang menggunakan simbol-simbol agama kerap dilakukan dan bisa ditemukan dalam hubungan simbiotik yang saya rumuskan sebagai *Religion Industrial Complex*.

---

[4] Grabosky, Peter. *Crime and Terrorism*. Sage.

[5] Grabosky, Peter. *Crime and Terrorism*. Sage.

Hard Approach vs Soft Approach

Dalam kurun setahun setelah serangan 11 september di World Trande Centre (New York) dan Pentagon (Washington), masalah terorisme menjadi fokus penanganan mayoritas negara-negara di dunia, terlebih lagi karena dampak yang ditimbulkan dari terorisme ternyata sangatlah besar terhadap keamanan dunia internasional. Selain serangan ini memicu agresi Amerika Serikat dengan mengirim tentaranya untuk menginvasi Irak, teorisme juga kian populer dikalangan akademisi dari berbagai rentang disiplin keilmuan, mereka mencoba menelaah fenomena ini sekaligus mencari solusi efektif untuk pencegahaannya. Serangan terhadap World Trade Centre yang begitu tiba-tiba dan bisa dibilang spektakuler, yang kemudian mempengaruhi berbagai macam aspek dari kehidupan sosial masyarakat baik lokal (wilayah Amerika Serikat itu sendiri) maupun internasional.

Paul Wilkinson dalam bukunya yang berjudul *Terrorism Versus Democracy: The Liberal State Response* menyatakan bahwa terorisme internasional hanya mencakup sebagian kecil saja dari keseluruhan jumlah aksi terorisme di seluruh dunia. Sejauh ini, mayoritas aksi terorisme didominasi oleh organisasi-organisasi etno-reliji, konflik atas ideologi dan negara, serta lebih banyak muncul di perbatasan sebuah negara antara pemerintah dengan warganya[6]. Namun walau terorisme lokal lebih banyak dan merupakan jumlah terbesar dalam aksi terorisme global dan tren terorisme internasional semakin menguat, Wilkinson tetap memberi perhatian kepada aksi terror yang termasuk dalam kategori "biasa saja." Lebih lanjut ia menerangkan mengenai negara yang

---

[6] http://www.germanlawjournal.com/article.php?id=217

kemudian membangun reactor nuklir dan berlomba-lomba untuk membuat senjata pemusnah masal sebagai antisipasi dari ancaman perang terhadap terorisme global.

Di negara-negara liberal, mereka walnya mengira bahwa dengan semakin majunya peradaban, pengetahuan serta teknologi, maka konflik akan semakin minim. Namun ternyata konflik serta kejahatan kekerasan tetap terus bermunculan, termasuk terorisme. Paul Wilkinson menyatakan bahwa konflik-konflik ini dapat dipilah menjadi empat kategori, yaitu[7]:

1. Pertikaian yang terjadi pasca penarikan koloni, seperti yang terjadi di negara-negara Afrika bekas pendudukan Portugis.
2. Gerakan separatis atau otonom yang muncul dari perbedaan etnis, agama, dan bahasa yang terus memperjuangkan hak-hak minoritas di seluruh dunia.
3. Pertikaian ideologis yang umumnya dilakukan oleh kelompok-kelompok kecil dengan tujuan menggulingkan penguasa dari dalam.
4. Kelompok buangan yang berusaha melakukan revolusi terhadap rezim otoriter di tanah air mereka.

Namun, meski kategori konflik dapat dibeda-bedakan, konflik tidak kemudian menghasilkan kekejaman politik yang pasti. Kekejaman politik yang kemudian muncul dalam sebuah negara cenderung bersinergi dengan beberapa konflik sekaligus. Sehingga, terorisme sebagai sebuah taktik dapat dilakukan di segala bentuk konflik ini, yang menyebabkan penanganan terorisme itu harus dilakukan dengan hati-hati sesuai dengan konflik yang muncul.

Negara liberal merupakan negara yang menjunjung tinggi prinsip-prinsip demokrasi dimana seluruh masyarakat dapat ambil bagian dalam urusan politik untuk menggunakan hak serta kewajiban politiknya. Contoh negara tersebut adalah Amerika Serikat. Namun, dalam menghadapi terorisme, negara sekaliber Amerika Serikat pun seolah terpaksa kembali menjadi negara otoriter ketika pemerintah Bush mendeklarasikan *War on Terror* dan menerbitkan *Patriot Act*[8] yang memperbolehkan pemerintah untuk mengumpulkan informasi mengenai orang Amerika yang diduga sebagai teroris. AS dan NATO lalu pergi ke Afganistan untuk mencari Osama bin Laden dan orang lain yang merencanakan Serangan 11 September. Meski demikian, kesan otoriter ini sedikit teredam dengan dalih bahwa statemen yang diucapkan oleh Presiden Amerika Serikat dengan sendirinya menjadi sebuah hukum di negara tersebut. Sehingga, dua fondasi dasar yang lain dari konsep negara liberal, yaitu supremasi hukum dan hak monopoli negara untuk menggunakan kekuatan bersenjata secara sah, tidak mengalami benturan dari sudut mana pun.

Paul Wilkinson kemudian menjelaskan bahwa pendekatan yang digunakan oleh pemerintah negara-negara tersebut dalam mengatasi terorisme adalah pendekatan secara politis tanpa menggunakan kekerasan, dimana aksi preventif dilakukan untuk menghentikan tindakan terorisme maupun kekerasan sebelum sempat dieksekusi oleh pelakunya. Namun Wilkinson juga menyangsikan apakah bergantung sepenuhnya pada penegakan HAM dan hukum dalam pemberantasa terorisme dapat sepenuhnya efektif. Negara-negara liberal yang tunduk pada *Rule of*

---

[7] http://www.mediaindonesia.com/citizen_read/2923

[8] http://id.wikipedia.org/wiki/Sejarah_Amerika_Serikat

law dengan menjamin hak asasi warga sipil dinilai baik, namun diperlukan juga bantuan dari militer dan intelijen yang tentu saja perannya dibatasi agar tidak memakan banyak korban.

Bentuk-bentuk dari pendekatan tanpa kekerasan atau biasa disebut *"soft approach"* adalah pendekatan diplomasi, negosiasi, kooptasi, dan konsensasi[9]. Namun selain dari empat elemen tersebut ada pula yang sekarang ini sedang digalakkan di berbagai tempat karena dinilai berpotensi besar untuk menghambat pertumbuhan terorisme yaitu deradikalisasi. Namun walau pendekatan halus dirasa lebih manusiawi, adanya kebebasan berpendapat, meski dibatasi dalam beberapa koridor tertentu di negara liberal, semakin menyulitkan upaya penanggulangan terorisme walau kebebasan berpikir merupakan suatu hal yang tidak bisa dipisahkan dalam koridor kebebasan menurut negara liberal. Tetapi dibiarkannya suatu ideologi radikal berkembang juga dapat memicu terorisme karena terorisme dalam bentuk pemahaman adalah suatu hal yang muncul dalam wilayah kebebasan berpikir.

Masyarakat liberal dinilai belum siap menghadapi adanya ideologi radikal terorisme dan terjadinya aksi teror di wilayah mereka. Masyarakat liberal, dengan konsep dan paradigma mereka mengenai bangsa yang berbudaya tinggi (*civilized nation*), memandang bahwa aksi teror hanya terjadi di masyarakat yang tidak berbudaya atau *uncivilized*. Tetapi faktanya berbeda. Frekuensi aksi terorisme di negara-negara liberal memang lebih rendah, namun memberikan efek yang lebih besar. Karena, negara-negara liberal seperti Amerika Serikat yang umumnya dalah negara maju dengan perekonomian dan teknologi yang mumpuni akan memiliki sistem keamanan yang lebih baik sehingga hanya pelaku terror dengan daya destruksi dan teknologi yang memadai saja yang bisa menembusnya. Sementara pada negara-negara yang tidak menganut faham liberal, justru banyak aksi teror minor yang terjadi, namun tidak memberikan dampak yang sangat besar. Sebagai contoh adalah ketika membandingkan aksi teror yang terjadi di negara Mesir dengan aksi-aksi teror di Indonesia, ataupun aksi-aksi teror di negara-negara Barat seperti Amerika Serikat dan Swedia.

Dalam menanggulangi masalah terorisme di negara-negara liberal ini, Paul Wilkinson menawarkan solusi hard approach, dimana digunakannya kekuatan militer secara penuh walau tetap dalam koridor batas yang telah ditetapkan, karena mempertimbangkan hak asasi dan rule of law. Wilkinson juga memberikan banyak masukan mengenai sistem penegakan hukum, seperti aparat-aparat polisi agar dikerahkan di banyak tempat. Namun banyak juga yang menentang pendapat Wilkinson ini, terutama mengenai hard approach dimana pada kenyataan secara riil di lapangan, walaupun militer terikat pula dengan *rule of law*, korban yang berjatuhan dari warga sipil tetap banyak. Terutama semenjak Bush memerintahkan pasukannya untuk melakukan agresi militer ke Irak, jumlah korban jiwa sipil di daerah perang tersebut sangat banyak.

---

[9] Letkol Inf Joko Putranto: *Hard Line Approaches dalam Upaya Penanggulangan Terorisme*

	Hard Line	Soft Line
Hukum	Bertentangan karena menggunakan kekerasan	Sesuai undang-undang dan hukum yang berlaku dengan kekerasan yang minimal
Politik	Tidak populer dan sulit mendapat dukungan parlemen	Didukung karena mengedepankan HAM
Ekonomi	Lebih efisien, karena tidak memakan banyak waktu untuk urusan penyelesaiannya	Tidak efisien, proses yang lama membuat dana yang dibutuhkan lebih banyak
HAM	HAM akan dilanggar karena penggunaan kekerasan yang tidak sesuai prosedur atau hukum yang berlaku	HAM terjamin karena mengikuti aturan hukum yang berlaku
Waktu	Paling efektif, karena langsung menyerang target dan tidak melalui proses birokrasi yang panjang	Tidak efektif, jalur hukum memakan waktu yang lama
Korban	Korban sipil kemungkinan ada karena penggunaan militer	Korban sipil kemungkinan tidak ada atau minimal karena mempertimbangkan HAM dan prosedur hokum
Diplomatik	Umumnya tidak mendapat dukungan negara lain karena penggunaan kekerasan oleh militer dan pelanggaran HAM	Didukung negara lain karena menegakkan HAM dan supremasi hokum
Reaksi Sosial	Menimbulkan reaksi sosial negartif dari masyarakat karena penggunaan militer serta kekerasan	Memperoleh dukungan masyarakat karena kekerasan minimal
Efek	Untuk jangka pendek pendekatan ini efektif karena cepat dan tepat sasaran serta menimbulkan efek jera dengan berbagai kekerasan yang dilakukan	Untuk jangka panjang efektif karena dilakukannya proses deradikalisasi dan deideologisasi

Di Indonesia, kejahatan terorisme juga telah memakan banyak korban baik warga negara Indonesia (WNI) sendiri maupun warga negara asing (WNA). Seperti aksi peledakan bom bunuh diri pada tanggal 12 Oktober 2002 di Legian, Kuta, Bali yang menewaskan kurang lebih 184 orang dan ratusan orang lainya luka berat dan ringan dari berbagai negara seperti Australia, Amerika Serikat, Jerman, Inggris dan lain-lain. Aksi-aksi lain dengan menggunakan bom juga banyak terjadi di Indonesia seperti di Pertokoan Atrium Senen Jakarta, peledakan bom di Gedung Bursa Efek Jakarta, peledakan bom restoran cepat saji Mc Donald Makassar, peledakan bom di Hotel JW Mariot Jakarta, peledakan bom di Kedutaan Besar Filipina dan dekat Kedutaan Besar Australia, serta beberapa kejadian peledakan bom di daerah konflik seperti Poso, Aceh dan Maluku yang kesemuanya itu menimbulkan rasa takut baik bagi masyarakat maupun warga negara asing yang tinggal maupun berencana untuk mengunjungi Indonesia.

Dalam rangka mencegah dan menanggulangi ancaman terorisme di dalam negeri, pemerintah telah menempuh berbagai cara, terutama dengan mengambil tindakan-tindakan yang sesuai dengan prosedur hukum yang berlaku. Pemerintah, melalui aparat terkait, telah melakukan pendekatan melalui tokoh masyarakat, tokoh agama moderat dan yang cenderung radikal guna mengubah pemikiran radikal menjadi moderat, yakni dengan memberikan pengertian sesungguhnya tentang istilah jihad yang selama ini "disalahartikan". Selain itu, penegakan hukum dalam memerangi terorisme dilakukan sesuai dengan peraturan perundang-undangan yang berlaku dan tanpa pandang bulu, serta tidak mengarah pada penciptaan citra negatif kepada kelompok masyarakat tertentu. Perang melawan terorisme juga didasari upaya untuk menegakkan ketertiban umum dan melindungi masyarakat bukan atas tekanan dan pengaruh negara asing ataupun kelompok tertentu dan dilakukan melalui koordinasi antarinstansi terkait dan komunitas intelijen serta partisipasi aktif seluruh komponen masyarakat. Di samping itu, diterapkan juga strategi demokrasi serta diberikannya kesempatan kepada masyarakat untuk menyalurkan aspirasinya secara positif dan terbuka sesuai dengan koridor hukum.

Bagaimana bila di Indonesia diterapkan pendekatan *"hard approach"* seperti yang diusulkan oleh Paul Wilkinson dalam negara liberal? Indonesia bukannya belum pernah mengalami era represi dimana pemerintahan sangat otoriter dan kebebasan masyarakatnya dikekang. Dulu ketika Soeharto masih berkuasa, strategi pengamanan yang ia terapkan bisa disebut juga sebagai *"hard approach."* Militer dan intelijen sangat berperan penting dalam menjaga stabilitas keamanan dan pertahanan negara. Namun setelah Soeharto digulingkan, pola pemerintahan yang otoriter seperti ini ditinggalkan. Masyarakat sudah tidak percaya lagi pada militer dan penegak hukum secara keseluruhan. Hal ini dapat menjadi pertimbangan bila *"hard approach"* akan diterapkan di Indonesia. Apakah pendekatan "keras" ini dapat diterima kembali oleh masyarakat yang sudah trauma dengan terkekangnya kebebasan saat pemerintahan Soeharto? Walaupun akhir-akhir ini polisi khususnya satuan anti terror Densus 88 berhasil meringkus sejumlah teroris yang berbahaya, namun tetap saja periode orde baru yang dipimpin oleh Soeharto masih member bekas luka yang dalam di masyarakat. Namun terlepas dari itu, pendekatan "hard approach" sebenarnya cocok untuk diterapkan di Indonesia, terbukti dengan stabilitas keamanan negara yang matang serta hegemoni yang kuat pada era pemerintahan Soeharto. Terlebih lagi, jika mengerahkan intelijen dan militer secara efektif (walau harus tetap berpedoman terhadap *rule of law*) aktifitas organisasi teroris bisa dihambat dan bahkan di hentikan sebelum mereka sempat bertindak. Akan tetapi, walau Indonesia dapat saja menerapkan metode *"hard approach,"* pendekatan ini belum bisa memberikan garansi akan menurunnya jumlah teroris (bukan aksinya) secara keseluruhan. Karena inti dari terorisme adalah ideologi mereka yang radikal. Menggunakan militer dan senjata mungkin dapat mengatasi mereka secara cepat, namun secara jangka panjang, teroris-teroris tersebut tetap berkembang dan tumbuh subur karena ideologi mereka belum musnah. Kesimpulannya, pendekatan ala Paul Wilkinson yatu *"Hard Approach"* kurang efektif untuk mengatasi terorisme di Indonesia secara jangka panjang. Pendekatan *"soft approach"* seperti deradikalisasi dan deideologisasi adalah pendekatan yang tepat untuk terorisme di negara ini, karena untuk dapat memangkas kelompok-kelompok radikal, ideologi mereka harus diubah terlebih dahulu. Terorisme akan tetap ada selama pemikiran-pemikiran mereka masih berkembang, dan pendekatan *"hard approach"* yang bersifat sementara saja, dirasa kurang mumpuni untuk mengatasi masalah terorisme di Indonesia.

Teror Berbasis Agama

Teorisme berbasis keagamaan mulai marak sejak peristiwa 9/11 2001. Menurut tulisan Wicktorowicz dalam *Geneaology of Radical Islam* dijelaskan mengenai asal usul teorisme berbasis keagamaan yang difokuskan pada kelompok Islam radikal. Walaupun tulisan beliau menyoroti gerakan Islam, namun secara garis besar, terorisme berbasis keagamaan memiliki ciri yang serupa, yaitu menjalankan perintah Tuhan. Justifikasi dari aksi terorisme yang berbasis keagamaan tentu sangatlah bias, dan tidak akan bisa disetarakan dengan aksi terror dengan basis lainnya, seperti politik atau ekonomi. Pada dasarnya, pelaku terorisme yang berbasis agama memiliki rasa tidak puas terhadap pemerintahan yang ada sekarang maupun tokoh yang memimpin, selain itu mereka juga merasa bahwa situasi sekarang adalah keadaan perang dimana kaum mereka sadar maupun tidak, telah menjadi korban kekerasan penguasa. Mengapa kemudian pelaku aksi terror kebanyakan adalah kelompok Islam radikal, itu disebabkan karena negara-negara Islam sering kali menjadi korban invasi negara non-muslim yang kemudian menelan banyak korban jiwa terutama dari warga sipil. Terlebih lagi, dalam Islam dikenal sebuah terminologi bernama jihad yang melegalkan membunuh orang lain demi membela agama dan kepercayaannya. Walau kondisi tersebut memiliki beberapa persyaratan untuk bisa disebut legal. Hal yang kemudian membuat gerakan Islam radikal berkembang semakin pesat adalah karena berbagai doktrin yang disebarkan oleh tokoh-tokoh ekstrimis yang menganut faham Jihad defensif, seperti prasyarat yang dikeluarkan oleh Al-Qaeda menyangkut pertimbangan dalam membunuh warga sipil:

- Musuh secara sengaja membunuh warga sipil muslim
- Warga sipil membantu musuh dalam hal perbuatan, perkataan, maupun pikiran
- Pejuang islam tidak bisa membedakan mana yang *combatant* dan bukan
- Senjata berat perlu digunakan
- Musuh menggunakan warga sipil sebagai perisai manusia

- Musuh melanggar perjanjian dengan warga muslim dan warga sipil harus dibunuh sebagai balasan

Selain sebagai upaya pembelaan diri, terorisme berbasis keagamaan juga kerap dilakukan para ekstrimis untuk mendirikan sebuah negara berbasis agama yang mereka anut.

Terror yang dilakukan oleh Islamis adalah terror yang dilakukan oleh kelompok jihadis Islam radikal. Penggiat kontra-terror selalu menargetkan teroris Islam karena dari segi jumlah dan dampaknya secara luas, kelompok teroris Islam paling aktif, terlebih sejak tragedi 9/11. Salah satu alasan lain adalah kerapnya negara Islam dijadikan area perang oleh negara-negara non-Muslim seperti Amerika dan sekutunya. Hal ini membuat masyarakat muslim secara umum merasa diperlakukan secara tidak adil, yang kemudian memunculkan bibit-bibit radikalisasi. Perlakuan negara barat terhadap muslim serta semakin banyaknya teroris Islam bermunculan tentu menjadikan para kontra-teror terus menyoroti terorisme yang dilakukan oleh muslim atau Islamis.

Terror dan hate crime sangat terkait, baik dari segi motivasi pelaku terror maupun reaksi masyarakat itu sendiri terhadap terror. Dari sisi pelaku terror, aksi yang mereka lakukan adalah suatu bentuk hate crime terhadap pihak tertentu. Misal kelompok teroris Islam dan kebenciannya terhadap dunia barat yang menurut mereka tidak sesuai dengan ajaran agamanya. Kebencian ini kemudian memicu aksi-aksi terror dan menyebarnya doktrin-doktrin anti-barat pada komunitas muslim radikal. Dari sisi reaksi sosial, hate crime jelas sekali tercermin. Gambaran umum mengenai teroris sekarang identik dengan Arab, Islam dan Osama, padahal pelaku terror bukan hanya Osama dan etnisnya pun beragam. *Image* arab dan Islam inilah yang kemudian menimbulkan kebencian orang-orang kulit putih (terutama negara korban terror) terhadap etnis dan agama tersebut sehingga warga sipil dengan ciri fisik yang serupa kemudian menjadi korban.

Media bisa menjadi sarana bagi para teroris, masyarakat maupun pemerintah terkait masalah terror. Bagi pelaku terror, media merupakan salah satu unsur penting yang patut dipertimbangkan dalam aksi yang mereka lakukan. Dampak aksi mereka serta output yang dihasilkan terhadap masyarakat bergantung pada liputan media. Jika media tidak menyiarkan aksi terror mereka, maka semua usaha mereka untuk menanamkan rasa takut dan tidak aman pada masyarakat akan sia-sia. Bagi masyarakat, amplifikasi media yang terkadang tidak proporsional bisa menimbulkan kepanikan, masyarakat juga kemudian akan menuntut pemerintah untuk meningkatkan keamanan negara dan melindungi masyarakatnya. Terakhir adalah dari sisi pemerintah. Media bisa jadi menyusahkan bagi pemerintah karena jika negara tidak bisa memberikan keamanan sesuai ekspektasi, maka kestabilan pemerintahan bisa terancam. Dilain pihak, amplifikasi media juga dapat menguntungkan para tokoh maupun pemimpin yang bisa memanfaatkan momentum serta menyerukan aksi melawan terror.

Pada masyarakat liberal, akses terhadap teknologi informasi tidak diberi batasan. Masyarakat boleh mengakses dan menyebarluaskan berbagai informasi serta secara hukum juga dilindungi kebebasannya. Hal ini kemudian menjadi masalah karena dengan bebasnya teknologi informasi, terorisme akan semakin mudah menyebar. Doktrin-donktrin radikal dapat disebarluaskan secara mudah, kelompok-kelompok ekstrimis bebas mengadakan pertemuan, dan komunikasi pelaku terror dengan sesamanya juga lebih efektif serta efisien. Kebebasan dalam mengakses teknologi informasi itulah yang menjadi kelemahan negara liberal, saat terorisme sudah terlanjur banyak bermunculan, maka filteringnya pun semakin sulit.

Masyarakat tidak gusar dengan ketatnya keamanan pasca 9/11 karena setelah tragedi tersebut terjadi, timbul kesadaran kolektif pada masayarakat AS bahwa keamanan mereka terancam akibat terorisme. Maka ketika pemerintah memperketat keamanan, masyarakat menerima kebebasan mereka diusik sebagai ganti dari rasa aman yang saat itu benar-benar hilang. Terlebih lagi publikasi dari korban 9/11 yang trauma secara psikologis di media, itu hanya akan memperparah kepanikan masyarakat.

Quintan Wiktorowicz membahas mengenai asal usul dari gerakan islam radikal yang menyoroti kelompok jihad Al-Qaeda. Al-Qaeda dan kelompok fundamentalis semacamnya yang telah menginspirasi terbentuknya gerakan jihad global ternyata adalah bagian dari komunitas islam besar yang diketahui bernama "Salafis" atau lebih sering disebut "Wahhabis". Istilah "Salafis" digunakan untuk mengidentifikasi mereka yang mengikuti contoh dari kerabat (salaf) Nabi Muhammad. Salafis percaya bahwa para kerabat belajar mengenai Islam langsung dari Nabi sehingga lebih paham. Sebagai hasilnya, muslim harus memurnikan ajaran mereka dengan hanya menggunakan Al-Quran, Sunnah (jalan atau tradisi dari Nabi Muhammad), serta konsensus dari para kerabat. Semua perbuatan harus diberi sanksi sesuai dengan sumber-sumber reliji tersebut.

Dalam Salafi sendiri, ada dua belah pihak yang berbeda pendapat; pihak yang berpendapayt bahwa kekerasan dapat digunakan untuk mendirikan negara islam dan mengkonfrontasi Amerika serta sekutunya, dan pendapat anti kekerasan yang menolak segala bentuk kekerasan dan mengusulkan untuk mempengaruhi para pemimpin yang menyimpang agar kembali ke jalan islam.

Untuk memahami asal usul dari kelompok jihad radikal, perlu juga untuk mengindentifikasi poin-poin utama yang memicu perbedaan pendapat dalam komunitas salafi:

1. Apakah muslim bisa mengatakan pemimpin itu murtad dan menyerukan jihad kepada mereka
2. Sifat-sifat dari jihad global untuk pembelaan diri
3. Boleh atau tidaknya menyerang penduduk sipil
4. Legitimasi dari bom bunuh diri

Mayoritas muslim konservatif dalam pendekatannya untuk menentukan seseorang itu kafir, proses ini dinamakan Takfir. Keseriusan masalah ini dapat ditemukan dalam berbagai kutipan Al-Quran dan cerita para nabi. Mayoritas muslim percaya bahwa, sebagaimana dikatakan nabi, "siapapun yang menuduh seseorang yang beriman sebagai tidak beriman, itu sama saja seperti membunuh orang tersebut". Sehingga selama seorang pemimpin masih memiliki keimanan walaupun kecil dan mengimplementasikan ibadahnya, dia tetap dikategorikan sebagai Muslim. Dari sudut pandang ini, seorang pemimpin menjadi kafir apabila dia secara sadar mengimplementasikan hukum yang tidak sesuai dengan islam, mengerti bahwa hal tersebut tidak sesuai dengan islam, dan mengatakan bahwa itu lebih hebat dari islam. Inilah argumentasi umum dari komunitas Salafi.

Untuk para jihadis, tulisan dalam buku *The Ten Voiders of Islam* oleh Ibn Wahhab menginspirasi mereka. Isi dari pelanggaran terhadap islam adalah sebagai berikut:

1. Politeisme (mengasosiasikan selain Tuhan dalam ibadah)
2. Menggunakan mediator Tuhan (missal berdoa kepada orang suci)

3. Meragukan bahwa non-muslim adalah tidak beriman
4. Menggunakan hukum non-islam dan bercaya bahwa hukum tersebut lebih baik
5. Membenci segala sesuatu yang dipraktekan oleh nabi Muhammad
6. Menghina islam atau nabi Muhammad
7. Menggunakan atau mendukung sihir
8. Mendukung atau membantu orang kafir melawan muslim
9. Percaya bahwa seseorang memiliki hak untuk berhenti memeluk islam
10. Meninggalkan islam dengan tidak mempelajari maupun mempraktekkannya

Jika ada seorang pemimpin yang melakukan penyimpangan diatas, maka hal itu dianggap sebagai bukti dari kemurtadan karena dia secara sadar meninggalkan perintah Tuhan.

Dalam islam, ada dua tipe jihad eksternal; jihad defensif dan jihad ofesif. Jihad defensive lebih menekankan kepada pembelaan diri apabila komunitas muslim diserang, sehingga mereka diharuskan untuk berjihad untuk membela agama dan kepercayaannya. Akar dari kepercayaan jihad defensif dicantumkan di Al-Quran dimana ada ayat yang menjelaskan larangan untuk membunuh orang kecuali ada alasan yang tepat.

Sementara itu, jihad ofensif berfungsi untuk mempromosikan islam, memberikan pencerahan, dan memberikan ketertiban bagi daerah perang. Dalam tafsiran mayoritas, jihad ofensif hanya dapat dilakukan dibawah pimpinya *caliph* atau penerus nabi. Namun ahir-ahir ini hanya sedikit muslim yang menganut kepercayaan jihad seperti ini.

Al-Quran dan sunnah dari nabi Muhammad menentang pembunuhan terhadap warga sipil. Salafi anti kekerasan sering menekankan hal tersebut serta mengutip ayat-ayat dari kitab suci, namun mereka juga tidak menyangkal bahwa situasi akan berbeda jika dihadapkan dalam kondisi perang dimana muslim harus berjihad untuk membela keyakinan mereka. Hal ini terlebih lagi jika musuh menggunakan warga sipil sebagai perisai manusia. Namun diluar kondisi itu, hanya *combatant* yang yang boleh diserang.

Namun belakangan ini jihadis juga menyerang warga sipil non muslim dengan justifikasi seperti yang diungkapkan Ibn Taymiyya maupun Al-Qaeda sebagai berikut:

- Musuh secara sengaja membunuh warga sipil muslim
- Warga sipil membantu musuh dalam hal perbuatan, perkataan, maupun pikiran
- Pejuang islam tidak bisa membedakan mana yang *combatant* dan bukan
- Senjata berat perlu digunakan
- Musuh menggunakan warga sipil sebagai perisai manusia
- Musuh melanggar perjanjian dengan warga muslim dan warga sipil harus dibunuh sebagai balasan

Sama halnya dengan menjadikan warga sipil sebagai sasaran, bom bunuh diri juga marak ahir-ahir ini. Sejak tahun 1990an, Al-Qaeda dan para jihadis dipaksa untuk menjawab dua pertanyaan penting. Pertama, apakah bom bunuh diri itu termasuk bunuh diri, karena islam jelas melarang bunuh diri. Para jihadis berargumen bahwa bunuh diri demi kepentingan orang banyak dan agama merupakan salah satu bentuk jihad dan tidak dihitung bunuh diri. Pertanyaan kedua terkait dengan target. Dapatkah pejuang islam membunuh warga sipil dalam operasi bom bunuh diri? Banyak argumen mengenai masalah ini, seperti pendapat mengenai warga yang membantu musuh, sampai pendapat ekstrim seperti anak-anak Israel yang suatu saat akan dewasa dan ikut berperang melawan muslim.

Kelompok-kelompok Muslim yang melakukan tindak kekerasan sering disebut sebagai kelompok Islam fundamentalis, Islamis, radikal, ekstremis, militan dan sebagainya; sehingga apabila istilah-istilah ini disebut maka yang terbayang dalam pikiran pendengarnya adalah sama dengan teroris. Padahal istilah-istilah tersebut mempunyai pengertiannya tersendiri. Seseorang mungkin saja seorang fundamentalis, tetapi belum tentu ia teroris. Walaupun kelompok-kelompok tersebut sering dikaitkan dengan kekerasan, namun tidak berarti semuanya melakukan terorisme. Karena itu mengidentikkan mereka secara keseluruhan dengan teroris adalah suatu kekeliruan.

Jemaah Islamiyah (JI) adalah nama untuk kelompok Muslim yang beroperasi di Asia Tenggara. Kelompok ini menjadi dikenal luas sejak peristiwa pengeboman sebuah pusat hiburan di Bali pada 12 Oktober 2002, yang mengorbankan 202 nyawa, dan pengeboman di hotel J.W. Marriot, Jakarta, pada 5 Agustus 2003, yang membunuh 12 orang. Kemudian JI juga dipercayai bertanggungjawab atas pengeboman di depan Kedutaan Australia di Jakarta pada 9 September 2004, dan beberapa pengeboman gereja di Indonesia pada tahun-tahun sebelumnya. Oleh karena itu, JI secara resmi dimasukkan ke dalam organisasi teroris di PBB pada 23 Oktober 2002.

Jemaah Islamiyah, kadangkala dieja Jamaah Islamiah adalah sebuah organisasi militan Islam di Asia Tenggara yang berupaya mendirikan sebuah negara Islam raksasa di wilayah negara-negara Indonesia, Singapura, Brunei, Malaysia, Thailand dan Filipina. Pemerintah Amerika Serikat menganggap organisasi ini sebagai organisasi teroris, sementara di Indonesia organisasi ini telah dinyatakan sebagai "korporasi terlarang".

Keberadaan organisasi ini disangkal oleh pemuka-pemuka agama dan para politisi seperti Hamzah Haz dan Amien Rais mengingat sulitnya memahami antara aksi dan tujuan yang hendak dicapai dari setiap aksi.

Menurut informasi intelijen, Jemaah Islamiyah mendapat bantuan keuangan dari kelompok teroris lain seperti Abu Sayyaf dan al-Qaeda. Jemaah Islamiyah berarti "Kelompok Islam" atau "Masyarakat Islam" dan dipemberitaan suratkabar disebut JI.

Jemaah Islamiyah dicurigai melakukan aksi pengeboman Bali 2002 pada tanggal 12 Oktober 2002. Dalam serangan ini, pelaku bom bunuh diri dari Jemaah Islamiyah disebut-sebut menewaskan 202 orang melukai beberapa lainya di sebuah *nightclub*. Setelah serangan ini, Departemen Luar Negeri Amerika Serikat menyatakan Jemaah Islamiyah sebagai pelakunya dan menyatakannya sebagai Organisasi Teroris Asing. Jemaah Islamiyah juga dicurigai melakukan pengeboman Zamboanga, pemboman Metro Manila, dan pemboman kedutaan Australia 2004 di Jakarta.

Menurut pernyataan intelijen, JI merupakan konfederasi beberapa kelompok Islam. Sekitar tahun 1969, dua orang, Abu Bakar Bashir, dan Abdullah Sungkar, dianggap melakukan operasi untuk mengembangkan Darul Islam, sebuah kelompok konservatif Islam. Abdullah Sungkar sudah wafat, sedangkan Abu Bakar Bashir sendiri membantah keterlibatannya dengan JI dan menyatakan tidak tahu menahu tentang JI. Meskipun JI dituduh melakukan pemboman di hotel JW Mariot, Jakarta, keterkaitan Abu Bakar Bashir dengan aksi itu dinyatakan tidak terbukti oleh pengadilan.

Bashir dan kawan-kawannya mendirikan radio untuk menyampaikan pengajian di Indonesia. Bashir juga mendirikan pesantren di Jawa. Motto dari pesantren itu adalah, "Hidup mulia atau mati mendapat surga."

Tanpa peradilan, Bashir dijebloskan ke penjara semasa pemerintahan Suharto karena dianggap membahayakan dan hidup di penjara selama beberapa tahun.

Selepas dari penjara, Bashir melarikan diri ke Malaysia di tahun 1982. Dia menjadi guru mengaji di Malaysia dan mempunyai banyak pengikut di negeri itu. Saat inilah dia dianggap mendirikan Jemaah Islamiyah dan pengikutnya tersebar juga hingga ke Singapura dan Filipina.

Anggota JI membuat dan menyebarkan pamflet, tapi tidak melakukan aksi teror. Bashir menyerukan jihad tapi dia tidak mau melakukan aksi kekerasan.

Menurut cerita intelijen, Bashir bertemu Riduan Isamuddin, atau Hambali di awal tahun 1990an di sebuah sekolah yang didirikan oleh Bashir. Bashir menjadi pemimpin politik dari organisasi itu sedangkan Hambali menjadi pemimpin militer.

Dikatakan pula bahwa Hambali menginginkan berdirinya kekalifahan Islam di Asia Tenggara, meliputi Indonesia, Malaysia, Singapura, Thailand, Filipina, Brunei, dan Kamboja. Negara seperti ini mempunyai penduduk sekitar 420 juta (menurut data dari CIA World Factbook). Negara seperti ini akan memegang kendali Laut Tiongkok Selatan yang merupakan jalur perkapalan besar dan menjadi pintu gerbang sebagian Asia dan Samudera Hindia. Negara seperti ini juga mempunyai ruang udara yang besar dan merupakan kekuatan dagang besar yang melibatkan India, Afrika, dan Australia.

Dinyatakan bahwa JI pertama kali melibatkan dirinya sebagai kelompok sel teror yang menyediakan dukungan keuangan dan logistik bagi operasi Al-Qaida di Asia Tenggara. Hambali mendirikan perusahaan yang bernama *Konsojaya* untuk membantu pencucian uang guna mendukung rencana itu, termasuk mendukung Operasi Bojinka yang gagal pada tanggal 6 Januari, 1995.

Bashir kembali ke Indonesia di tahun 1998, ketika pemerintahan Suharto tumbang, dan secara terbuka menyerukan jihad. Sedangkan Hambali bergerak di bawah tanah.

Di tahun 2000, Hambali dianggap melakukan serangkaian pemboman ke gereja-gereja kristen.

Menurut kesaksian seorang penerjemah di pengadilan, Pemerintah Amerika Serikat melalui duta besarnya, pernah meminta kepada pemerintahan Megawati untuk menangkap Bashir dan mengancam akan ada peristiwa jika hal itu tidak dilaksanakan. Megawati menolak karena tidak punya bukti untuk menangkap Bashir.

Ketika kemudian terjadi pemboman Bali, JI dituduh melakukan hal itu. Peristiwa lain yang dianggap dilakukan oleh JI adalah pengeboman hotel Marriott di Jakarta.

Bashir ditangkap polisi Indonesia dan mendapat hukuman karena dituduh menghasut dan memberi inspirasi bagi perbuatan teror. Namun Bashir kembali di bebaskan karena tidak terbukti bersalah.

Hambali ditangkap di Thailand pada tanggal 11 Agustus 2003.

Seorang pria kelahiran Inggris berkebangsaan Australia bernama Jack Roche mengaku menjadi bagian dari rencana JI meledakkan kedutaan besar Israel di Canberra, Australia pada tanggal 28 Mei 2004. Dia dihukum 9 tahun penjara pada tanggal 31 Mei. Pria ini mengaku bertemu dengan Osama bin Laden di Afghanistan.

JI dicurigai melakukan pemboman di kedutaan besar Australia di Jakarta pada tanggal 8 Sep 2004 yang menewaskan 11 orang Indonesia (tidak ada orang asing yang tewas) dan melukai lebih dari 160.

Secara umum mereka yang terlibat dalam aksi terorisme itu adalah golongan yang lebih muda, yang masih memiliki semangat dan niat yang kuat, ditambah lagi dengan pengalaman mereka berperang di Afghanistan. Mereka menjadi terbiasa dengan suasana perang, dan cenderung menggunakan kekerasan terhadap orang-orang yang mereka anggap sebagai musuh.

Aksi teorisme yang dilakukan oleh kelompok umat Islam itu secara tidak langsung disebabkan oleh tindakan-tindakan yang dilakukan oleh pihak luar negara, contohnya pengeboman di Bali adalah setelah Amerika Syarikat dan sekutu-sekutunya menyerang Afghanistan dan menginvasi Iraq. Pada saat yang sama, penindasan terhadap warga Palestina juga masih berlanjut.

Mereka juga memiliki niat yang kuat untuk mengikuti ajaran Islam yang benar, sesuai dengan yang diajarkan oleh Rasulullah, para sahabat, dan generasi sesudahnya. Hal yang salah adalah sikap dari individunya yang memaksakan faham mereka pada orang lain dan cenderung mengabaikan aturan-aturan lain yang berlaku.

Hal ini membuat kecenderungan dari pihak Barat untuk mengaitkan *fundamentalisme*, *Salafisme*, *Wahabisme*, atau pun *Islamisme* dengan terorisme. Tindakan ini menghasilkan kesimpulan masyarakat secara umum bahwa JI adalah organisasi teoris.

Jemaah Islamiyah pada dasarnya adalah organisasi dakwah yang berorientasikan politik, bercita-cita untuk mendirikan negara Islam di Asia Tenggara. Sepeninggalan Abdullah Sungkar, JI terpecah menjadi dua bagian : kelompok moderat yang lebih menekankan pada perjuangan dengan cara Islamisasi dari bawah dan memanfaatkan peluang politik yang ada; dan yang kedua adalah kelompok garis keras yang cenderung menggunakan tindak kekerasan dalam mencapai tujuan. Oleh karena itu, tidak tepat untuk mengatakan bahwa JI adalah organisasi teroris, hanya karena sekelompok kecil anggotanya melakukan tindakan kekerasan maupun aksi terorisme.

Terorisme Dunia Maya

Internet adalah sebuah jaringan komputer elektronik yang menghubungkan manusia dengan informasi di seluruh dunia. internet telah mengubah cara berkomunikasi menjadi lebih mudah, selain itu internet dapat digunakan sebagai sarana transaksi pembelian barang dan jasa, juga untuk hiburan. penggunaan internet tampaknya akan terus bertamabah, apalagi komunikasi lebih mudah dengan adanya surat elektronik atau e-mail. seseorang di belahan dunia satu dengan belahan dunia lainnya dapat terhubung dalam hitungan detik. gambar, file, serta suara dapat dikirimkan melalui sarana tersebut. orang-orang yang tinggal di pelosok dapat membeli barang dari internet dengan harga yang sama atau bahkan lebih murah daripada di toko yang jaraknya jauh dari tempat mereka tinggal. ereka yang tinggal jauh dari perguruan tinggi dapat mengambil kursus melalui Internet atau melakukan penelitian tanpa pergi ke perpustakaan. Pencarian database seperti ensiklopedi atau direktori Hanya dalam hitungan menit.

Internet kemudian memunculkan berbagai peluang terhadap berkembangnya tindak kejahatan baru yang memanfaatkan dunia maya sebagai fasilitasnya. Dalam beberapa literatur, *cybercrime* sering diidentikkan sebagai *computer crime*. The U.S. Department of Justice memberikan pengertian computer crime sebagai: *"…any illegal act requiring knowledge of computer technology for its perpetration, investigation, or prosecution"*. Pengertian lainnya diberikan oleh Organization of European Community Development, yaitu: *"any illegal, unethical or unauthorized behavior relating to the automatic processing and/or the transmission of data"*. Andi Hamzah dalam bukunya Aspek-aspek Pidana di Bidang Komputer (1989) mengartikan: *"kejahatan di bidang komputer secara umum dapat diartikan sebagai penggunaan komputer secara ilegal"*.

Dari beberapa pengertian di atas, *computer crime* dirumuskan sebagai perbuatan melawan hukum yang dilakukan dengan memakai komputer sebagai sarana/alat atau komputer sebagai objek, baik untuk memperoleh keuntungan ataupun tidak, dengan merugikan pihak lain. Secara ringkas *computer crime* didefinisikan sebagai perbuatan melawan hukum yang dilakukan dengan menggunakan teknologi komputer yang canggih (Wisnubroto, 1999).

Kejahatan internet yang akan saya teliti adalah terorisme secara elektronik. Contohnya adalah *hacking* yang dilakukan oleh kelompok tertentu terhadap situs-situs pemerintah. Atau menyerang situs pemerintah yang strategis, seperti badan pertahanan dan keamanan, kemudian mengacaukan (atau mencuri) datanya.

Kejahatan jenis ini muncul pada tahun 1990an. Para pembuat virus (umumnya masih muda) mengirimkan program perusak mereka kepada pengguna computer (korporat maupun individu) tanpa mau tahu dan tanpa peduli terhadap dampak yang dihasilkan. Kevin Mitnick menduduki urutan atas dari daftar orang yang paling dicari oleh FBI pada saat itu.

Berbagai potensi ancaman serius dapat ditimbulkan dari kegiatan para *cyber terrorism*, seperti melakukan serangan dan penetrasi terhadap sistim jaringan komputer serta infrastruktur telekomunikasi milik pemerintah, militer atau pihak lainnya yang dapat mengancam keselamatan kehidupan manusia.

Beberapa contoh kegiatan *cyber terrorist* di manca negara antara lain:

1. Di Amerika Serikat, pada bulan Februari 1998 terjadi serangan *(breaks-in or attack)* sebanyak 60 kali permingguynya melalui media *Internet* terhadap 11 jaringan komputer militer di Pentagon. Dalam *cyber attack* ini yang menjadi target utama para *cyber terrorist* adalah Departemen Pertahanan Amerika Serikat *(DoD)*.
2. Di Srilanka, pada bulan Agustus 1997, sebuah organisasi yang bernama *the Internet Black Tigers* yang berafiliasi kepada gerakan pemberontak Macan Tamil *(the Liberation Tigers of Tamil Eelam)* menyatakan bertanggung jawab atas kejahatan email *(email bombing, email harrasment, email spoofing, etc.)* yang menimpa beberapa kedutaan serta kantor perwakilan pemerintah Srilanka di manca negara. Tujuan akhirnya adalah kampanye untuk melepaskan diri dari Srilanka dalam memperjuangkan kemerdekaan rakyat Tamil.
3. Di Cina, pada bulan Juli 1998, sebuah perkumpulan *cyber terrorist* atau *crackers* terkenal berhasil menerobos masuk ke pusat komputer sistim kendali satelit Cina dan berhasil mengacaukan *"selama beberapa waktu"* sistim kendali sebuah satelit milik Cina yang sedang mengorbit di ruang angkasa. Tujuan utama dari aksi ini adalah untuk melakukan protes terhadap gencarnya investasi negara barat di Cina. Di Swedia, pada bulan September 1998, pada saat kegiatan pemilihan umum, sejumlah *cyber terrorist* berhasil melakukan kegiatan sabotase yaitu merubah *(defaced)* tampilan website dari partai politik berhaluan kanan dan kiri. Dimana *Website links* partai politik tersebut dirubah tujuannya ke alamat situs-situs pornografi sehingga sangat merugikan partai karena kampanye partai secara elektronik melalui Internet menjadi terhambat.
4. Di Indonesia sendiri, sekitar bulan Agustus 1997, *cyber terrorist* atau *hackers* dari Portugal pernah merubah *(defacing)* tampilan situs resmi dari Mabes ABRI (TNI), walaupun dengan segera dapat diantisipasi. Kemudian pada bulan April 2004 situs resmi milik KPU (Komisi Pemilihan Umum) juga berhasil di *hack* dengan teknik *defacing*, namun dengan segera pelakunya yaitu seorang konsultan Teknologi Informasi suatu perusahaan di Jakarta dapat segera diamankan oleh pihak kepolisian.

2

**Esai
Kekerasan**

Konflik dan Hak Asasi Manusia

Asumsi-asumsi dasar dan hakikat teori konflik Karl Marx mengarah pada hal-hal berikut:

- Konflik adalah hal yang bersifat alamiah pada masyarakat
- Dalam setiap tingkatannya, masyarakat cenderung mengalami perubahan. Dimana pada setiap perubahannya, peranan kekuasaan terhadap kelompok masyarakat lain terus terjadi.
- selalu ada kompetisi untuk terjadinya perubahan
- Penggunaan kekuasaan hukum dan penegakan hukum selalu menjadi alat dalam kompetisi dan mempunyai peranan penting dalam masyarakat

Prinsip-prinsip dari perspektif konflik:

- Masyarakat adalah kelompok-kelompok yang berbeda-beda
- Terdapat perbedaan penilaian dalam kelompok-kelompok tersebut yaitu tentang baik dan buruk
- Konflik yang terjadi pada kelompok-kelompok tersebut mencerminkan kekuasaan politik
- Hukum dibuat untuk kepentingan orang yang memilki kekuasaan politik
- Kepentingan utama dari pemegang kekuasaan politik untuk menegakkan hukum adalah menjaga dan memelihara kekuasaannya

Teori konflik beranggapan bahwa siapapun yang memiliki kekuasaan lebih tinggi dalam kelas sosial akan memiliki powerful member dalam masyarakat. Pada proses pembentukan hukum, kelas sosial yang lebih dominan dalam masyarakat akan menggunakan kekuasaan untuk mempengaruhi hukum tersebut dengan nilai-nilai mereka dab akan menjadi pemegang serta siapa yang menentang mereka akan menjadi target dari penegak hukum.

Pembetukan hukum adalah perwujudan nilai-nilai oknum pembuatnya, hukum dalam menentukan perbuatan kriminal cenderung diarahkan pada mereka yang berada di luar kelompok pemegang kekuasaan. Pada intinya, kejahatan adalah produk kekuasaan politik dalam masyarakat yang heterogen.

Hak Asasi Manusia (HAM) adalah seperangkat hak yang melekat pada hakikat dan keberadaan manusia sebagai mahluk Tuhan Yang Maha Esa dan merupakan anugerah-Nya yang wajib dihormati, dijunjung tinggi dan dilindungi oleh negara, hukum, pemerintah dan setiap orang demi kehormatan serta perlindungan harkat dan martabat manusia.

Pelanggaran Hak Asasi Manusia adalah setiap perbuatan seseorang atau kelompok orang termasuk aparat negara baik disengaja maupun tidak disengaja atau kelalaian yang secara melawan hukum mengurangi, menghalangi, membatasi dan atau mencabut HAM seseorang atau kelompok orang yang dijamin oleh undang-undang tentang HAM, dan tidak mendapatkan, atau dikhawatirkan tidak akan memperoleh penyelesaian hukum yang adil dan benar, berdasarkan mekanisme hukum yang berlaku.

Pelanggaran Hak Asasi Manusia yang berat adalah pelanggaran hak asasi manusia sebagaimana dimaksud dalam Undang-undang tentang Pengadilan HAM.

Pengadilan Hak Asasi Manusia (HAM) adalah pengadilan khusus terhadap pelanggaran HAM yang berat.

Komisi Nasional Hak Asasi Manusia yang selanjutnya disebut Komnas HAM adalah lembaga mandiri yang kedudukannya setingkat dengan lembaga negara lainnya yang berfungsi melaksanakan pengkajian, penelitian, penyuluhan, pemantauan dan mediasi hak asasi manusia.

Penyiksaan adalah setiap perbuatan yang dilakukan dengan sengaja, sehingga menimbulkan rasa sakit atau penderitaan yang hebat, baik jasmani maupun rokhani, pada seseorang untuk memperoleh pengakuan atau keterangan dari seseorang atau dari orang ketiga, dengan menghukumnya atas suatu perbuatan yang telah dilakukan atau diduga telah dilakukan oleh seseorang atau orang ketiga, atau mengancam atau memaksa seseorang atau orang ketiga. atau untuk suatu alasan yang didasarkan pada setiap bentuk diskriminasi, apabila rasa sakit atau penderitaan tersebut ditimbulkan oleh, atas hasutan dari, dengan persetujuan, atau sepengetahuan siapapun dan atau pejabat publik.

Penghilangan orang secara paksa adalah tindakan yang dilakukan oleh siapapun yang menyebabkan seseorang tidak diketahui keberadaannya dan keadaannya.

Dalam Undang-undang Nomor 39 Tahun 1999 tentang Hak Asasi Manusia (HAM) antara lain mengatur tentang hak, kewajiban dasar, tugas dan tanggungjawab pemerintah dalam penegakan HAM, pembentukan Kornisi Nasional Hak Asasi Manusia (Komnas HAM) dan partisipasi masyarakat. Adapun pemahaman tentang HAM yang paling mendasar antara lain meliputi:

Hak Asasi Manusia (HAM) dan Kebebasan Dasar Manusia, yakni:

1) Hak untuk hidup.

Setiap orang berhak untuk hidup, mempertahankan hidup. meningkatkan taraf kehidupannya, hidup tentram, aman, damai, bahagia, sejahtera lahir dan batin serta memperoleh lingkungan hidup yang baik dan sehat. Hak atas kehidupan ini bahkan juga melekat pada bayi yang belum lahir atau orang yang terpidana mati. Dalam hal atau keadaan yang sangat luar biasa yaitu demi kepentingan hidup ibunya dalam kasus aborsi atau berdasarkan putusan pengadilan dalam kasus pidana mati, maka tindakan aborsi atau pidana mati dalam hal dan atau kondisi tersebut, masih dapat diizinkan. Hanya pada dua hal tersebut itulah hak untuk hidup dapat dibatasi.

2) Hak berkeluarga dan melanjutkan keturunan.

Setiap orang berhak membentuk suatu keluarga dan melanjutkan keturunan melalui perkawinan yang sah (perkawinan yang dilaksanakan menurut ketentuan peraturan perundang-undangan), atas kehendak bebas calon suami dan isteri yang bersangkutan yakni kehendak yang lazim dari niat suci tanpa paksaan, penipuan atau tekanan apapun dan dari siapapun terhadap calon suami dan atau calon isteri.

3) Hak mengembangkan diri.

Setiap orang berhak untuk memperjuangkan hak pengembangan dirinya, baik secara pribadi maupun kolektif, untuk membangun masyarakat, bangsadan negaranya.

4) Hak memperoleh keadilan.

Setiap orang, tanpa diskriminasi, berhak untuk mem-peroleh keadilan dengan mengajukan permohonan, pengaduan, dan gugatan, baik dalam perkara pidana, perdata, maupun administrasi serta diadili melalui proses peradilan yang bebas dan tidak memihak, sesuai dengan hukum acara yang menjamin pemeriksaan secara obyektif oleh hakim yang jujur dan adil untuk memperoleh putusan adil dan benar.

5) Hak atas kebebasan pribadi.

Setiap orang bebas untuk memilih dan mempunyai keyakinan politik, mengeluarkan pendapat di muka umum, memeluk agama masing-masing, tidak boleh diperbudak, memilih kewarganegaraan tanpa diskriminasi, bebas bergerak, berpindah dan bertempat tinggal di wilayah Rl.

6) Hak atas rasa aman.

Setiap orang berhak atas perlindungan diri pribadi, keluarga, kehormatan, martabat, hak milik, rasa aman dan tentram serta perlindungan terhadap ancaman ketakutan untuk berbuat atau tidak berbuat sesuatu.

7) Hak atas kesejahteraan.

Setiap orang berhak mempunyai milik, baik sendiri maupun bersama-sama dengan orang lain demi pengembangan dirinya, bangsa dan masyarakat dengan cara tidak melanggar hukum serta mendapatkan jaminan sosial yang dibutuhkan, berhak atas pekerjaan, kehidupan yang layak dan berhak mendirikan serikat pekerja demi melindungi dan memperjuangkan kehidupannya.

Khusus mengenai:

a) Hak milik tersebut mempunyai fungsi sosial yakni bahwa setiap penggunaan hak milik harus memperhatikan kepentingan umum bilamana menghendaki atau membutuhkan benar-benar, maka hak milik dapat dicabut menurut peraturan perundang-undangan.

b) Setiap orang berhak untuk mendirikan serikat pekerja dan tidak boleh dihambat untuk menjadi anggotanya demi melindungi dan memperjuangkan kepentingannya serta menurut peraturan perundang-undangan. Tidak boleh dihambat disini maksudnya adalah bahwa setiap orang atau pekerja tidak dapat dipaksa untuk menjadi anggota dari suatu serikat pekerja.

8) Hak turut serta dalam pemerintahan.

Setiap warga negara berhak turut serta dalam pemenntahan dengan langsung atau perantaraan wakil yang dipilih secara bebas dan dapat diangkat dalam setiap jabatan pemerintahan.

9) Hak wanita.

Setiap wanita berhak untuk memilih, dipilih, diangkat dalam jabatan, profesi dan pendidikan sesuai dengan persyaratan dan peraturan perundang-undangan. Disamping itu berhak mendapatkan perlindungan khusus dalam pelaksanaan pekerjaan atau profesinya terhadap hal-hal yang dapat mengancam keselamatan dan atau kesehatannya.

10) Hak anak.

Setiap anak berhak atas perlindungan oleh orang tua, keluarga, masyarakat dan negara serta memperoleh pendidikan, pengajaran dalam rangka pengembangan diri dan tidak dirampas kebebasan-nya secara melawan hukum..

Jenis pelanggaran HAM berat:

1) Kejahatan genosida.

Adalah setiap perbuatan yang dilakukan dengan maksud untuk menghancurkan atau memusnahkan seluruh atau sebagian kelompok bangsa. ras, kelompok etnis, kelompok agama. dengan cara:

a) Membunuh anggota kelompok;

b) Mengakibatkan penderitaan fisik atau mental yang berat terhadap anggota-anggota kelompok;

c) Menciptakan kondisi kehidupan kelompok yang akan mengakibatkan kemusnahan secara fisik baik seluruh atau sebagiannya;

d) Memaksakan tindakan-tindakan yang bertujuan mencegah kelahiran di dalam kelompok; atau

e) Memindahkan secara paksa anak-anak dari kelompok tertentu ke kelompok lain.

2) Kejahatan terhadap kemanusiaan.

Adalah salah satu perbuatan yang dilakukan sebagai bagian dari serangan yang meluas atau sistematik yang diketahuinya bahwa "serangan tersebut ditujukan secara langsung terhadap penduduk sipil" (suatu rangkaian perbuatan yang dilakukan terhadap penduduk sipil sebagai kelanjutan kebijakan yang berhubungan dengan organisasi), berupa:

a) Pembunuhan (sebagaimana tercantum dalam Ps. 340 KUHP);

b) Pemusnahan (meliputi perbuatan yang menimbulkan penderitaan yang dilakukan dengan sengaja, antara lain berupa perbuatan menghambat pemasokan barang makanan dan obat-obatan yang dapat menimbulkan pemusnahan pada sebagian penduduk);

c) Perbudakan (dalam ketentuan ini termasuk perdagangan manusia, khususnya perdagangan wanita dan anak-anak);

d) Pengusiran atau pemindahan penduduk secara paksa (pemindahan orang-orang secara paksa dengan cara pengusiran atau tindakan pemaksaan yang lain dari daerah mana mereka bertempat tinggal secara sah, tanpa didasari alasan yang diijinkan oleh hukum internasional);

e) Perampasan kemerdekaan atau perampasan kebebasan fisik lain secara sewenang-wenang yang melanggar (asas-asas) ketentuan pokok hukum internasional;

f) Penyiksaan (dengan sengaja dan melawan hukum menimbulkan kesakitan atau penderitaan yang berat, baik fisik maupun mental, terhadap seorang tahanan atau seseorang yang berada di bawah pengawasan);

g) Perkosaan, perbudakan seksual, pelacuran secara paksa, pemaksaan kehamilan, pemandulan atau strilisasi secara paksa atau bentuk-bentuk kekerasan seksual lain yang setara;

h) Penganiayaan terhadap suatu kelompok tentang perkumpulan yang didasari persamaan paham politik, ras. kebudayaan, etnis, budaya, agama, jenis kelamin atau alasan lain yang telah diakui secara universal sebagai hal yang dilarang menurut hukum internasional;

i) Penghilangan orang secara paksa (yakni penangkapan, penahanan atau penculikan seseorang oleh atau dengan kuasa, dukungan atau persetujuan dari negara atau kebijakan organisasi, diikuti oleh penolakan untuk mengakui perampasan kemerdekaan tersebut atau untuk memberikan informasi tentang nasib atau keberadaan orang tersebut, dengan maksud untuk melepaskan dari perlindungan hukum dalam jangka waktu yang panjang; atau

j) Kejahatan aparheid (perbuatan tidak manusiawi dengan sifat yang sama dengan sifat-sifat yang disebutkan dalam kejahatan genosida yang dilakukan dalam konteks suatu rezim kelembagaan berupa penindasan dan dominasi oleh suatu kelompok rasial atas suatu kelompok atau kelompok-kelompok ras lain dilakukan dengan maksud untuk mempertahankan rezim itu).

Sebab-sebab pelanggaran HAM:

Pelanggaran HAM dapat disebabkan oleh 4 (empat) hal:

1) Kesewenangan (abuse of power) yaitu tindakan penguasa atau aparatur negara terhadap masyarakat di luar atau melebihi batas-batas kekuasaan dan wewenangnya yang telah ditetapkan dalam perundang-undangan.

2) Pembiaran pelanggaran HAM (violation by ommission) yaitu tidak mengambil tindakan atas suatu pelanggaran HAM.

3) Sengaja melakukan pelanggaran HAM (violation by commission).

4) Pertentangan antar kelompok masyarakat.

Pasal – pasal dalam UUD 1945 mengenai Hak Asasi Manusia:

Pasal 28A

Setiap orang berhak untuk hidup serta berhak mempertahankan hidup dan kehidupannya. **)

Pasal 28B

(1) Setiap orang berhak membentuk keluarga dan melanjutkan keturunan melalui perkawinan yang sah. **)

(2) Setiap anak berhak atas kelangsungan hidup, tumbuh, dan berkembang serta berhak atas perlindungan dari kekerasan dan diskriminasi. **)

Pasal 28C

(1) Setiap orang berhak mengembangkan diri melalui pemenuhan kebutuhan dasarnya, berhak mendapat pendidikan dan memperoleh manfaat dari ilmu pengetahuan dan teknologi, seni dan budaya, demi meningkatkan kualitas hidupnya dan demi kesejahteraan umat manusia. **)

(2) Setiap orang berhak untuk memajukan dirinya dalam memperjuangkan haknya secara kolektif untuk membangun masyarakat, bangsa dan negaranya. **)

Pasal 28D

(1) Setiap orang berhak atas pengakuan, jaminan, perlindungan, dan kepastian hukum yang adil serta perlakuan yang sama dihadapan hukum. **)

(2) Setiap orang berhak untuk bekerja serta mendapat imbalan dan perlakuan yang adil dan layak dalam hubungan kerja. **)

(3) Setiap warga negara berhak memperoleh kesempatan yang sama dalam pemerintahan. **)

(4) Setiap orang berhak atas status kewarganegaraan. **)

Pasal 28E

(1) Setiap orang bebas memeluk agama dan beribadat menurut agamanya, memilih pendidikan dan pengajaran, memilih pekerjaan, memilih kewarganegaraan, memilih tempat tinggal diwilayah negara dan meninggalkannya, serta berhak kembali. **)

(2) Setiap orang atas kebebasan meyakini kepercayaan, menyatakan pikiran dan sikap, sesuai dengan hati nuraninya. **)

(3) Setiap orang berhak atas kebebasan berserikat, berkumpul, dan mengeluarkan pendapat. **)

Pasal 28F

Setiap orang berhak untuk berkomunikasi dan memperoleh informasi untuk mengembangkan pribadi dan lingkungan sosialnya, serta berhak untuk mencari, memperoleh, memiliki, menyimpan, mengolah, dan menyampaikan informasi dengan menggunakan segala jenis saluran yang tersedia. **)

Pasal 28G

(1) Setiap orang berhak atas perlindungan diri pribadi, keluarga, kehormatan, martabat, dan harta benda yang dibawah kekuasaannya, serta berhak atas rasa aman dan perlindungan dari ancaman ketakutan untuk berbuat atau tidak berbuat sesuatu yang merupakan hak asasi. **)

(2) Setiap orang berhak untuk bebas dari penyiksaan dan perlakuan yang merendahkan derajat martabat manusia dan berhak memperoleh suaka politik dari negara lain. **)

Pasal 28H

(1) Setiap orang berhak hidup sejahtera lahir dan batin, bertempat tinggal, dan medapatkan lingkungan hidup baik dan sehat serta berhak memperoleh pelayanan kesehatan. **)

(2) Setiap orang mendapat kemudahan dan perlakuan khusus untuk memperoleh kesempatan dan manfaat yang sama guna mencapai persamaan dan keadilan. **)

(3) Setiap orang berhak atas jaminan sosial yang memungkinkan pengembangan dirinya secara utuh sebagai manusia yang bermartabat. **)

(4) Setiap orang berhak mempunyai hak milik pribadi dan hak milik tersebut tidak boleh diambil alih secara sewenang-wenang oleh siapa pun. **)

Pasal 28I

(1) Hak untuk hidup, hak untuk tidak disiksa, hak kemerdekaan pikiran dan hati nurani, hak beragama, hak untuk tidak diperbudak, hak untuk diakui sebagai pribadi dihadapan hukum, dan hak untuk tidak dituntut atas dasar hukum yang berlaku surut adalah hak asasi manusia yang tidak dapat dikurangi dalam keadaan apa pun. **)

(2) Setiap orang berhak bebas atas perlakuan yang bersifat diskriminatif atas dasar apa pun dan berhak mendapatkan perlindungan terhadap perlakuan yang bersifat diskriminatif itu. **)

(3) Identitas budaya dan hak masyarakat tradisional dihormati selaras dengan perkembangan zaman dan peradaban. **)

(4) Perlindungan, pemajuan, penegakan, dan pemenuhan hak asasi manusia adalah tanggung jawab negara, terutama pemerintah. **)

(5) Untuk menegakan dan melindungi hak assi manusia sesuai dengan prinsip negara hokum yang demokratis, maka pelaksanaan hak asasi manusia dijamin, diatur, dan dituangkan dalam peraturan perundanganundangan.

Pasal 28J

(1) Setiap orang wajib menghormati hak asasi manusia orang lain dalam tertib

kehidupan bermasyarakat, berbangsa, dan bernegara. **)

(2) Dalam menjalankan hak dan kebebasannya, setiap orang wajib tunduk

kepada pembatasan yang ditetapkan dengan undangundang dengan maksud semata-mata untuk menjamin pengakuan serta penghormatan atas hak kebebasan orang lain dan untuk memenuhi tuntutan yang adil sesuai dengan pertimbangan moral, nilai-nilai agama, keamanan, dan ketertiban umum dalam suatu masyarakat demokratis. **)

Keterangan:

*) : Perubahan Pertama

**) : Perubahan Kedua

***) : Perubahan Ketiga

****) : Perubahan Keempat

Kasus Penculikan dan Pembunuhan Ketua Presidium Dewan Papua

Manusia sebagai makhluk ciptaan Tuhan Yang Maha Esa dianugerahi hak-hak asasi dalam untuk menjamin keberadaan harkat dan martabat kemuliaan dirinya serta keharmonisan lingkungannya. Tiap individu wajib menghormati hak-hak yang melekat pada dirinya dan orang lain dengan penuh tanggungjawab agar tercipta keharmonisan antara individu dengan lingkungannya.

Hak Asasi Manusia (HAM) sebagai hak dasar yang melekat pada diri manusia bersifat universal dan abadi, sehingga harus dilindungi, dihormati, dipertahankan dan tidak boleh diabaikan, dikurangi, atau dirampas oleh siapapun, kecuali oleh Undang-undang atau Putusan Pengadilan.

Kasus penculikan dan pembunuhan Ketua Presidium Dewan Papua (PDP) Theys Hiyo Eluay masih belum jelas. Lebih 40 saksi, termasuk 11 anggota Kopassus, sudah dibuat berita acaranya, namun Polres Jayapura belum juga mampu menyeret tersangka.

Apakah kasus ini merupakan pelanggaran HAM atau bukan, sebelumnya harus dijelaskan terlebih dahulu pengertian dari HAM atau Hak Asasi Manusia dan pelanggaran HAM:

> *Hak Asasi Manusia (HAM) adalah seperangkat hak yang melekat pada hakikat dan keberadaan manusia sebagai mahluk Tuhan Yang Maha Esa dan merupakan anugerah-Nya yang wajib dihormati, dijunjung tinggi dan dilindungi oleh negara, hukum, pemerintah dan setiap orang demi kehormatan serta perlindungan harkat dan martabat manusia.*

> *Pelanggaran Hak Asasi Manusia adalah setiap perbuatan seseorang atau kelompok orang termasuk aparat negara baik disengaja maupun tidak disengaja atau kelalaian yang secara melawan hukum mengurangi, menghalangi, membatasi dan atau mencabut HAM seseorang atau kelompok orang yang dijamin oleh undang-undang tentang HAM, dan tidak mendapatkan, atau dikhawatirkan tidak akan memperoleh penyelesaian hukum yang adil dan benar, berdasarkan mekanisme hukum yang berlaku.* [10]

Berdasarkan definisi yang telah disebutkan diatas, maka kasus Theys Eluay ini termasuk dalam kasus pelanggaran HAM. Karena pelaku telah secara sengaja melakukan pencabutan HAM terhadap korban dengan menculik dan kemudian membunuhnya. Padahal, HAM adalah hak mutlak setiap manusia dan wajib dihormati.

Kasus Theys Eluay ini merupakan pembunuhan politik karena penyelenggara negara mengakui (secara de facto) dalam tindakan aparatnya (mabes Polri dan rakor polkam) bahwa kasus Theys merupakan kasus politis yang memiliki implikasi luas di tingkat negara karena menyangkut kekuasaan penyelenggara negara.

Pelaku penculikan dan pembunuhan Theys juga diduga berasal dari TNI. Tuduhan ini dikarenakan telah ditemukan fakta bahwa jalur kendaraan yang dilalui mobil Theys dari Entrop hingga Skouw melewati dua pos tentara yang memiliki tugas memeriksa perjalanan siapa saja yang melalui jalan tersebut; namun hingga kini tidak ada keterangan dari pihak militer mengenai keadaan tgl. 10-11 November 2001 di wilayah penjagaan mereka. Alasan lainnya adalah Theys berkedudukan sebagai tokoh politis Papua yang memiliki garis politik berbeda dengan pemerintah Indonesia. [11]

Seharusnya, sebelum terbukti bahwa Theys memiliki rencana untuk melakukan gerakan separatis, TNI tidak boleh begitu saja menculik dan membunuh. Bukti-bukti yang kuat harus dikumpulkan terlebih dahulu. Selain itu, bila terbukti Theys memang ingin melakukan aksi separatis, ia lebih baik ditangkap dan proses pidana dapat dilakukan sesuai dengan perundang-undangan yang berlaku, bukan melalui penculikan serta pembunuhan.

Apa yang telah dilakukan terhadap Theys ini tentu akan mencemarkan nama baik TNI sebagai aparat Negara. Terlebih lagi kasus ini digolongkan sebagai pelanggaran HAM dan memperoleh perhatian mancanegara.

---

[10] http://www.dephan.go.id/modules.php?name=Content&pa=showpage&pid=21

[11] http://www.hampapua.org/skp/skp03/op-11i.pdf

Terlibatnya TNI dalam kasus Penculikan dan Pembunuhan Theys Eluay ini bertentangan dengan kewajiban-kewajiban TNI, karena pada setiap bentuk pelibatan TNI, maka prajurit TNI wajib menghormati integritas individu dan martabat manusia dengan:

1. Memberikan kesempatan pada masyarakat untuk melaksanakan hak-hak asasinya.
2. Memberikan perlindungan terhadap masyarakat yang tidak mampu melindungi dirinya.
3. Bersikap ramah tamah kepada masyarakat.[12]

Dapat dilihat bahwa pelaku pembunuhan dan penculikan Theys yang berasal dari TNI telah mengabaikan poin-poin diatas. Terutama poin ke-2, dimana seharusnya anggota TNI memberikan kesempatan pada masyarakat untuk melaksanakan hak-hak asasinya. Theys sebagai warga Negara memiliki hak asasi untuk hidup, namun pembunuhnya telah melawan hukum dengan mencabut hak hidup korban.

Sebagaimana dalam Undang-undang Nomor 39 Tahun 1999 tentang Hak Asasi Manusia (HAM) antara lain mengatur tentang hak, kewajiban dasar, tugas dan tanggungjawab pemerintah dalam penegakan HAM, pembentukan Kornisi Nasional Hak Asasi Manusia (Komnas HAM) dan partisipasi masyarakat. Adapun pemahaman tentang HAM yang paling mendasar antara lain meliputi:

1. Hak untuk hidup
2. Hak berkeluarga dan melanjutkan keturunan
3. Hak mengembangkan diri
4. Hak memperoleh keadilan
5. Hak atas kebebasan pribadi
6. Hak atas rasa aman
7. Hak atas kesejahteraan
8. Hak turut serta dalam pemerintahan
9. Hak wanita
10. Hak anak

Pada kasus ini juga hak memperoleh keadilan telah dilanggar, karena korban tidak diberi kesempatan untuk membela diri dalam proses peradilan.

Kesimpangsiuran mengenai penyebab dibunuhnya Theys juga menimbulkan dugaan-dugaan. Terutama tudingan bahwa Theys adalah anggota Organisasi Pamua Merdeka garis keras. Namun ada pula yang mengatakan Theys berurusan dengan TNI karena ada perseteruan mengenai Hak Pengelolaan Hutan.[13] Namun sampai sekarang kasus ini belum juga selesai. Seharusnya pemerintah lebih bersikap proaktif dengan mendukung lembaga-lembaga pencari fakta serta aparat yang terkait agar masalah ini dapat segera tuntas.

---

[12] http://www.dephan.go.id/modules.php?name=Content&pa=showpage&pid=21&page=3

[13] http://www.xs4all.nl/~endi/TheysTNI-singkap050402.htm

Kekerasan dan Delinkuensi

Richard A. Cloward dan Lloyd E. Ohlin dalam studinya mengasumsikan bahwa baik orang-orang dari kalangan atas maupun bawah sama-sama memiliki kesempatan yang illegal dan legal dalam melakukan tindak kejahatan. Teori mereka sebenarnya adalah suatu kritik dari teori Robert K. Merton yang mengatakan bahwa orang kelas bawah memiliki kesempatan yang terbatas untuk menjadi sukses melalui cara-cara yang legal.

Menurut Cloward dan Ohlin, remaja memiliki cara-cara yang digunakan unutk memnuhi aspirasinya, salah satu contohnya adalah, remaja dapat menjadi delinkuen jika tersedianya kesempatan bagi remaja tersebut untuk melakukan tindakan delinkuen. Cloward dan Ohlin membagi empat tipe remaja dalam kaitannya dengan kedudukan ekonomi dan status sosialnya, diantaranya:

TIPE I : Remaja yang bertujuan meningkatkan status sosial dan ekonominya

TIPE II : Remaja yang bertujuan untuk meningkatkan status sosial tanpa memperdulikan peningkatan status ekonominya saja

TIPE III : Remaja yang bertujuan meningkatkan status ekonomi tanpa memperdulikan   status sosialnya

TIPE IV : Remaja yang tidak memiliki tujuan apapun (retreatism)

Kenakalan banyak terjadi pada remaja tipe I dan II karena mereka terhalangi dalam usaha meningkatkan status sosial dan ekonominya, mereka tidak menilai baik kelas menengah, kemudian mereka memuja gaya hidup orang dewasa. Namun demikian, meskipun mereka tidak melakukan tindakan delinkuen tetapi mereka tetap saja dipandang rendah oleh kelas menengah. Remaja tipe I dan II juga cenderung melakukan vandalism, tetapi tidak menghasilkan *criminal subculture, conflict subculture*, dan *retreatism subculture*.

Remaja tipe III hanya mengejar kemewahan semata yang merupakan ciri kelas menengah tetapi mereka tidak memiliki kesempatan yang legal sehingga mereka berkonflik denngan nilai-nilai yang ada dalam kelas menengah yang meremehkan gaya hidup kelas bawah. Tipe remaja yang terakhir, merupakan kondisi kegagalan ganda sebagai orang dewasa yang tidak memiliki tanggung jawab terhadap lingkungan sosialnya dan mengakibatkan mereka dikucilkan dari lingkungan sosial tersebut. Pada akhirnya mereka mengekslusifkan diri mereka dengan menghindar dari masyarakat dengan membentuk komunitas sendiri yang merupakan penyimpangan, seperti menggunakan narkotika.

Seperti yang telah dijelaskan di atas bahwa Cloward dan Ohlin juga mengklasifikasikan subkebudayaan yang mampu menunjukkan tipe gang dalam kenakalan remaja. Pertama, *criminal subculture*, bilamana masyarakat secara penuh berintegrasi, gang akan berlaku sebagai kelompok para remaja yang belajar dari orang dewasa. Hal ini berkaitan dengan organisasi kriminal. Subkebudayaan jahat lebih menekankan pada aktivitas yang menghasilkan keuntungan materi dan berusaha menghindari kekerasan.

Kedua, *conflict subculture*. Dalam masyarakat yang tidak terintegrasi akan menyebabkan lemahnya organisasi. Gang tipe ini akan memperlihatkan perilaku yang bebas. Kekerasan, perampasan, hak milik dan perilaku lain menjadi tanda gang tersebut. Para remaja akan melakukan kenakalan jika menghadapi keadaan tegang, menghadapi tekanan-tekanan serta keadaan yang tidak normal.

Ketiga, *retreatistm subculture*. Sub kultur jenis ini lebih banyak melakukan kegiatan mabuk-mabukan dan aktivitas gang lebih mengutamakan pencarian uang untuk tujuan mabuk-mabukan termasuk juga melakukan konsumsi terhadap NAPZA.[14]

Gang Gazper (Gerakan Separatis Penerus Rese Timpuk) meurpakan suatu kelompok (gang) yang terbentuk sejak tahun 1998, dilatarbelakangi oleh keinginan menyatukan seluruh angkatan yang ada saat itu dan memperjuangkan penghilangan perilaku senioritas saat itu. Lalu, adanya pengaruh sosial dari sekolah-sekolah sekitar yang notabene hampir memiliki nama angkatan di masing-masing sekolahnya, maka para siswa SMA 34 pun tidak mau kalah dengan menamai kelompok angkatan mereka sebagai "Rezteam" yang berasal dari singkatan "Rese Timpuk".

Pada awalnya, gang yang terbentuk itu memang terlihat berjalan sesuai dengan tujuan semula, yaitu mengompakkan seluruh anggota angkatannya, namun, karena adanya kekosongan

---

[14] http://member.zebo.com/Main?event_key=DIAL&execCode=SHWALBLGS&prop_id=10251192

anggota pada angkatan 1999, yang dilator belakangi oleh "menghilangnya" angkatan 1999 tersebut, maka angkatan 2000 yang ada saat itu, ingin meneruskan nama rese timpuk tersebut, sehingga terbentuklah Gazper. Dalam kelompoknya pun, mereka membuat jaket bersama agar dapat memiliki suatu identitas kelompok bersama.

Gang Gazper tersebut juga memiliki tradisi dalam perekrutan anggota barunya, yaitu dengan perpeloncoan yang dilakukan oleh senior-senior Gazper diluar jam sekolah maupun pada saat kegiatan belajar berlangsung, caranya agar mereka dapat beradaptasi dengan lingkungan sosial yang ada di sekolahnya, terspesialisasi kepada anak baru, mereka pun diberi suatu beban agar dapat selalu meneruskan nama rezteam tersebut sebagai identitas sekolahnya.

Tindakan perpeloncoan tersebut hanyalah salah satu dari bentuk delinkuensi yang terjadi, selain tawuran dan hal-hal *malicious* (merusak) lain yang dilakukan oleh kelompok tersebut, salah satunya adalah mencorat-coret fasilitas umum dan social untuk menunjukkan "wilayah kekuasaan" mereka ataupun dengan tawuran dengan sekolah lainnya yang mereka anggap telah melecehkan mereka sebagai suatu kelompok.

Dalam hal ini, jika dilihat melalui pandangan sosiologis, terutama kriminologi, tindakan delinkuen yang dilakukan oleh para anggota gang Gazper tersebut merupakan suatu cara dalam mencapai tujuan sosial mereka, yaitu agar dapat dianggap dan di segani oleh teman-teman anggota lainnya dengan melakukan tindakan-tindakan yang merusak. Lalu, mereka dengan kompak menolak konsepsi nilai kaum menengah yang ada di longkungannya, seperti belajar, dan memperoleh nilai akademis yang harusnya dilakukan setiap pelajar yang belajar di sekolah menengah atas.

Pada *Gang Gazper*, kebanyakan anggotanya merupakan ramaja-remaja yang berasal dari kelas menengah yang memiliki tujuan dihargai oleh kelompoknya, sehingga sangat sedikit dari mereka yang memiliki tujuan dalam peningkatan status ekonomi, karena dalam perilakunya mereka cenderung mencari suatu kebanggan melakukan tindakan-tindakan yang tidak memiliki nilai guna (*non-utilitarian*), dan cenderung negatif. Selain itu, *Gazper* pada awalnya dibentuk menunjukkan suatu perilaku rebel (pemberontakan) terhadap nilai-nilai yang ada di sekitarnya, terutama maslah senioritas, sehingga memunculkan perilaku delinkuen dalam kelompknya.

Kedua faktor itulah (pemberontakan terhadap nilai-nilai yang ada dan tujuan social yang berbeda dari biasanya) yang memnuhi klasifikasi Cloward dan Ohlin untuk dapat digolongkan dalam tipe-tipe kelompok remaja delinkuennya. Dan pada kasus gang *Gazper*, kelompok penulis memsukkannya pada kelompok remaja tipe II.

Mengapa penulis measukkan *gang Gazper* kedalam remaja tipe II? Ada beberapa faktor yang melatarbelakangi penulis memasukkan kelompok tersbut dalam remaja tipe II, antara lain :

- Tidak berutujuan mencari keuntungan ekonomi, melainkan status social diantara teman-teman kelompoknya saja.

- Kebanyakan anggotanya berasal dari kalangan mengah, dengan proporsi menengah ke atas dan ke bawah tidak berat sebelah.

- Cenderung melakukan *vandalism*, tindakan merusak, dan tawuran.

Selain itu, adanya suatu peluang dalam melakukan tindakan-tindakan yang tidak sah daripada tindakan yang sah (legal) dalam memperoleh tujuan social yang dicita-citakan oleh kelompok tersebut menambah faktor yang melatar belakangi perilaku delinkuensi dari *gang Gazper*.

Terbatasnya akses mereka dalam mencapainya, terutama karena mereka pelajar yang masih dibatasi oleh otoritas nilai-nilai kaum dewasa di sekolahnya, menciptakan suatu pemberontakan yang dinilai mereka sebagi suatu jalan lain memperoleh tujuan sosial tersebut, reputasi, dan lainnya merupakan suatu asset, dan tujuan semata yang harus dicapai jika ingin mencapai suatu kebanggaan sebagai anggota kelompoknya. Lalu, terlihat adanya transmisi nilai yang terjadi di dalam *gang Gazper* itu sendiri, dmana perekrutan anggota baru selalu dialjkukan setiap tahunnya kepada setiap murid baru yang menduduki kelas satu, agar tradisi dan nilai-nilai yang diterapkan oleh kelompoknya tetap dilestarikan.

Inilah yang menimbulkan pro-kontra ketika kasus perpeloncoan yang bertujuan untuk mentrasnmisikan nilai tersebut dinilai sebagai suatu hal yang delinkuen oleh media, terutama oleh otoritas legal. Karena adanya seseorang yang tidak dapat menerima aspek transmisi budaya tersebut, maka ia pun mau tidak mau melakukan pemberontakan nilai yang terjadi dalam kelompoknya dengan kembali kepada tujuan sosial awal. Namun, yang terjadi adalah, otoritas legal yang melihat hal tersebut sebagai sesuatu yang melanggar bentuk *social control* yang ada (hukum) sehingga mereka yang bertugas "mentransmisi nilai" tersebut harus melalui sebuah "studi tur pidana" yang harus dilewati selam satu bulan lebih, karena tindakan perpeloncoannya melanggar pasal 80 ayat 1 UUD RI no. 23 mengenai perlindungan anak.

Jika kita tidak melihat adanya faktor seseorang yang berpindah haluan social karena tidak bisa menerima perlakuan transmisi budaya seperti itu, pastilah perilaku delinkuen yang terjadi seperti itu akan masih tetap ada dan membudaya sebagai suatu nilai yang harus diterima dan ditransmisikan dari tahun- ke tahun agar terjaga tujuan sosial dan reputasi kelokmpoknya.

Karenanya, sungguh tidak efektif, menurut pandangan kelompok penulis, jika dalam hal gang delinkuen seperti ini, otoritas legal yang lebih dewasa mengintervensi secara mikro dan langsung menerapkan kebijakan tanpa melihat alternative lain yang disediakan untuk mereka dalam memperoleh tujuan sosialnya kembali.

Pihak sekolah pun sepertinya tidak memperdulikan mereka-mereka yang tergabung dalam *gang Gazper* tersebut, sehingga otomatis, mereka seperti memiliki "lahan" tersendiri dalam mencapai suatu tujuan di sekolah, sebaikanya adanya suatu wadah kegiatan yang dapat menaungi permasalahan "pencapaian tujuan" tersebutlah yang harusnya lebih dinomorsatukan dan menjadi suatu isu utama dalam pengeliminasian tindakan delinkuensi yang merusak dan menimbulkan korban, seperti perpeloncoan yang disertai kekerasan fisik.

Oleh karenanya, intervensi yang dilakukan adalah dengan tidak menutup serapat-rapatnya jalan mencapai tujuan social mereka, namun dengan menyediakan lahan lain, atau lebih tepat disebut jalur alternative dalam mencapai tujuan tersebut, sehingga mereka yang terdapat dalam wilayah remaja kelas mengah pun merasa tidak terhalangi lagi dalam pemenuihan tujuan sosialnya. Jika masih adanya intervensi yang malalui otoritas legal yang koersif oleh sekolah, para kelompok remaja yang kehilangan jalan mencapai tujuan sosialnya tersebut cenderung lebih melarikan diri pada remaja tipe III maupun yang lebih parah lagi adalah remaja tipe IV, karena jalan mencapai tujuannya ditutup serapat mungkin oleh sekolah, maka mereka pun akan mencari jalan lain mencari tujuan tersebut, diluar sekolah, dan cenderung menjadikan mereka sebagai kelompok *street children* maupun *street gang* yang nantinya bakal menimbulkan budaya penjahat dikemudian hari karena tergoda oleh kesempatan memperoleh peningkatan status ekonomi dengan hal yang tidak legal.

Dapat disimpulkan, pencegahan delinkuensi di kalangan remaja sebaiknya terfokus pada kerangka tujuan yang terdapat dalam kelompok delinkuen itu sendiri, sehingga alternatif yang dapat disediakan adlaah dengan mebuat "kerangka" tujuan yang hamper sama dengan sebelumnya, tentunya untuk mebngurangi dampak perilaku delinkuensi.

Gang Gazper merupakan suatu kumpulan remaja di SMA 34 yang dalam teori Cloward dan Ohlin dikategorikan sebagai remaja tipe II yang mana mareka tidak mengejar status secara ekonomi, tetapi mereka hanya mengejar status sosial diantara teman-teman sebanyanya. Tujuan mereka sebenarnya agar mereka dihormati, dihargai, dan juga ditakuti oleh teman-teman sebayanya. Dengan mereka terlibat gang Gazper ini, mereka merasa 'aman' ketika berada dalam lingkungan sekolah. Jika dikaitkan dengan tipe subbudayaab, mereka dikelompokkan dalam conflict subculture yang mana mereka melakukan kekerasan fisik, perusakan, dan perampasan hal milik kepada orang-orang yang tidak mereka sukai.

Kekerasan Kolektif

Persija adalah singkatan dari Persatuan Sepakbola Indonesia Jakarta, sebuah klub sepakbola profesional yang berbasis di DKI Jakarta. Klub ini didirikan pada tahun 1928 dengan nama Voetbalbond Indonesish Jakarta (VIJ), yang merupakan salah satu klub pendiri Persatuan Sepakbola Seluruh Indonesia (PSSI).[15]

Persija memiliki supporter yang disebut The Jakmania yang dapat dikenali dengan cirri atribut serba oranye. The Jakmania berdiri sejak Ligina IV, tepatnya 19 Desember 1997. Sekertariat The Jakmania berada di Stadion Menteng. Pada awalnya, anggota The Jakmania hanya sekitar 100 orang, dengan pengurus sebanyak 40 orang. Ketika dibentuk, dipilihlah figur yang dikenal di mata masyarakat saat itu yaitu Gugun Gondrong.[16]

The Jakmania yang memiliki cirri khas yaitu atribut berwarna oranye, selalu hadir dalam setiap pertandingan persija. Tidak jarang, dengan jumlah massa yang banyak, mereka melakukan hal-hal yang menarik perhatian, seperti berteriak, menyanyi, meniup terompet, dan menari. Namun dari segi ketertiban, jalan-jalan di sekitar stadion pasti macet karena dipenuhi oleh kendaraan yang mengangkut massa The Jakmania.

Pada setiap pertandingan Persija, supporter mereka yaitu The Jakmania selalu hadir untuk memberi dukungan. Massa The Jakmania yang berada di sekitar lokasi pertandingan umumnya

---

[15] http://www.goal.com/id-ID/news/106/berita-utama/2008/10/13/910379/profil-persija-jakarta

[16] http://orangestreetboys.blogspot.com/2008/02/sejarah-jakmania.html

menarik perhatian masyarakat sekitar. Atribut dan tingkah laku serta kekompakan mereka merupakan cerminan dari perilaku kolektif.

Perilaku kolektif sendiri memiliki cirri-ciri sebagai berikut:

1. Dilakukan bersama oleh sejumlah orang
2. Tidak bersifat rutin
3. Merupakan tanggapan terhadap rangsangan tertentu:

    a. Peristiwa
    b. Benda
    c. Ide

4. Selalu melibatkan sejumlah orang yang berkerumun dan biasanya berwujud kerumunan[17]

The Jakmania yang sedang berkumpul dipandang menyimpang oleh masyarakat, trutama yang bukan pendukung Persija atau bukan penyuka sepak bola. Apalagi jika Persija kalah, aksi anarkis kerap terjadi, contohnya pertikaian atar supporter dari kedua tim yang bertanding. Pengguna jalan di sekitar lokasi juga merasa terganggu karena konvoi The Jakmania membuat kendaraan mereka terkena macet. Pemilik kendaraan serta polisi yang terjebak kemacetan juga tidak bisa berbuat apa-apa, karena supporter yang sedang berkonvoi rentan berbuat anarkis bila dingganggu.[18] Namun ada pula yang merasakan keuntungan dari The Jakmania, yaitu para pedagang kaki lima. Lapak mereka di malam pertandingan itu dipadati pembeli.

Penyimpangan adalah dimana seseorang melakukan tindakan yang keluar dari kondisi dan perilaku yang diterima oleh masyarakat umum.

Perilaku kolektif adalah perilaku sejumlah masyrakat yang tidak berpedoman pada institusi-institusi yang ada. Menurut Horton dan Hunt, Kornblum, Light, Keller dan Calhoun;

Perilaku kolektif -> tindakan kolektif -> tindakan bersama -> dinamika kolektif.

Ciri-ciri dari perilaku kolektif adalah:

1. Dilakukan bersama oleh sejumlah orang
2. Tidak bersifat rutin
3. Merupakan tanggapan terhadap rangsangan tertentu:

    a. Peristiwa
    b. Benda
    c. Ide

---

[17] Sosiologi Perilaku Menyimpang

[18] http://www.detiksport.com/sepakbola/read/2006/03/01/194412/550661/76/hati-hati-jika-persija-habis-bertanding

Perilaku kolektif selalu melibatkan sejumlah orang dan biasanya berwujud kerumunan.

Menurut Le Bon, kerumunan adalah:

1. Sejumlah individu yang karena sesuatu dan lain hal kebetulan berkumpul bersama
2. Sekumpulan ornag yang mempunyai cirri-ciri baru yang berbeda sama sekali dengan cirri-ciri individu yang membentuknya
3. Berhaluan sama
4. Kesadaran perorangan lenyap

Organized Crowd atau *Psychological Crowd* tunduk pada *The Law of The Mental Unity of Crowds* (Hukum Kestuan Menta Kerumunan).

Tipologi perilaku kerumunan (Blumer):

1. *Casual Crowd* (kerumunan sambil lalu). Hanya sambil lalu memberikan perhatian terhadap suatu sasaran tertentu, interaksi satu sama lain terbatas. Contoh: saat ada kecelakaan.
2. *Conventional Crowd* (kerumunan konvensional). Berada di suatu tempat untuk suatu tujuan yang sesuai dengan aturan yang berlaku. Contoh: penumpang kendaraan umum.
3. *Expressive Crowd* (kerumunan ekspresif). Kerumunan konvensional yang berubah sifatnya. Menyampaikan perasaan secara meluap-luap, tampilkan perilaku yang tidak biasa ditampilkan di tempat lain. Contoh: teriakan penonton sepak bola, yel-yel peserta kampanye.
4. *Acting Crowd* (kerumunan bertindak). Sekumpulan orang yang memusatkan perhatian pada suatu hal yang merangsang kemarahan mereka dan membangkitkan.

Faktor penyebab perilaku kerumunan:

1. Teori *Contagion*:

    a. Kebersamaan dengan orang banyak (anonym)
    b. Penularan (*contagion*)
    c. *Suggestability* (mudah dipengaruhi, percaya, taat)

2. Teori *Convergen*: kerumunan yang muncul dari sejumlah orang yang mempunyai dorongan, maksud, dan kebutuhan serupa.

Kekerasan kolektif:

1. Kekerasan kolektif primitive: kekerasan yang dilakukan oleh sekelompok individu yang tidak bersifat politik dan terbatas pada komunitas local
2. Kekerasan kolektif reaksioner: merupakan protes atau perlawanan terhadap system dalam bentuk kekerasan missal sebagai reaksi pada penguasa
3. Kekerasan kolektif modern: kekerasan missal yang diorganisasi untuk tujuan politis dan ekonomi

Faktor determinan yang menimbulkan perilaku kolektif (Smelser):

1. Pendorong structural
2. Ketegangan structural
3. Penyebarluasan kepercayaan umum
4. Pencetus
5. Mobilisasi
6. Bekerjanya pengendalian sosial[19]

Supporter Persija atau The Jakmania merupakan suatu bentuk dari perilaku kolektif karena memenuhi syarat dari perilaku kolektif:

1. Dilakukan bersama oleh sejumlah orang. Dalam hal ini The Jakmania merupakan sebuah organisasi sekaligus komunitas pendukung Persija yang anggotanya sangat banyak.
2. Tidak bersifat rutin. Aktifitas Jakmania seperti konvoi tidak selalu dilakukan. Hanya saat Persija bertanding saja.
3. Merupakan tanggapan terhadap rangsangan tertentu:

    a. Peristiwa. Jakmania melakukan aksi dukungannya secara ekspresif ketika ada peristiwa tertentu, yaitu saat pertandingan Persija.
    b. Benda. Atribut berwarna oranye selalu digunakan ketika mereka berkonvoi.
    c. Ide. Persija merupakan tim yang menurut mereka paling baik, sehingga mereka memberikan dukungannya.

Saat The Jakmania berkumpul, maka identitas individu akan lenyap. Hal yang timbul kemudian adalah identitas kelompok. Sesuai dengan deskripsi Le Bon:

1. Sejumlah individu yang karena sesuatu dan lain hal kebetulan berkumpul bersama
2. Sekumpulan ornag yang mempunyai cirri-ciri baru yang berbeda sama sekali dengan cirri-ciri individu yang membentuknya
3. Berhaluan sama
4. Kesadaran perorangan lenyap

The Jakmania terdiri dari individu-individu yang berkumpul karena memili ketertarikan yang sama terhadap Persija. Ciri-ciri individu dalam The Jakmania tidak terlihat, karena mereka memakai atribut kelompok yang khas, yaitu berwarna oranye. Suporter Persijia ini juga memiliki haluan yang sama yaitu mendukung dan mengidolakan Persija sehingga kesadaran perorangan lenyap. Karena cirri-ciri baru kemudian melekat, Individu kemudian menggunakan identitas kelompok.

The Jakmania, berdasarkan tipologi kerumunan Brumer, termasuk pada kategori *Expressive Crowd*. The Jakmania memberikan dukungan kepada persija dengan semangat yang meluap-luap serta perilaku yang menarik perhatian. Seperti berteriak, bernyanyi, menari, meniup

---

[19] Sosiologi Perilaku Menyimpang

terompet, dan lain sebagainya. Hal ini yang sering dilihat sebagai suatu bentuk penyimpangan oleh masyarakat. Masyarakat umum yang berada di dekat tempat pertandingan persija menganggap The Jakmania mengganggu ketertiban umum karena membuat gaduh dan macet jalan raya.

Aksi kekerasan yang kerap dilakukan The Jakmania merupakan kekerasan kolektif primitive, yaitu kekerasan yang dilakukan oleh sekelompok individu yang tidak bersifat politik dan terbatas pada komunitas local. Massa secara keseluruhan dapat terprovokasi karena menurut Smelser terdapat pendorong, ketegangan, pencetus dan mobilisaasi. Karena kesadaran individu lenyap, dorongan serta ketegangan pada situasi akan membuat pencetus mudah melakukan mobilisasi massa.

Supporter Persija, The Jakmania termasuk dalam kerumuan ekspresif yang memberikan dukungan dengan semangat yang meluap-luap. Hilangnya identitas individu dan digunakannya identitas kelompok, membuat The Jakmania sering dianggap menyimpang. Mereka menari, berteriak, dan menyayi di jalan raya. Masyarakat umum yang berada di dekat tempat pertandingan persija menganggap The Jakmania mengganggu ketertiban umum karena membuat gaduh dan macet jalan raya. Padahal, mereka melakukan konvoi karena memiliki haluan yang sama sebagai *Expressive Crowd*. Supporter persija itu juga tidak rutin melakukan konvoi. Mereka hanya beraksi saat Persija bertanding.

The Jakmania tidak lepas dari aksi anarkis. Mereka mudah terprovokasi karena kesadaran individu lenyap. Sehingga hanya kesadaran kelompok yang ada di saat itu. Situasi yang tegang memudahkan pencetus melakukan mobilisasi massa.

Premanisme

Fenomena premanisme sudah tidak asing lagi di Indonesia, terlebih lagi akhir-akhir ini media massa banyak memberitakan tentang kekerasan serta anarkisme yang dilakukan oleh preman, baik yang terkait dengan ideologi tertentu maupun tidak. Preman sendiri, sesuai definisi Kamus Besar Bahasa Indonesia (KBBI), adalah 'sebutan kepada orang jahat (todong, copet, rampok, dsb.)'[20] yang memang erat kaitannya dengan kriminalitas. R. Eep Saefulloh Fatah menjelaskan preman dari dua arti yang ditafsirkan oleh KBBI yakni (1) preman dalam arti partikelir, bukan tentara atau sipil, kepunyaan sendiri; (2) preman sebagai sebutan kepada orang jahat (penodong, perampok, dan lain-lain).[21] Dalam bukunya yang berjudul *Mencintai Indonesia dengan Amal: Refleksi atas Fase Awal Demokratisasi* ia kemudian menerangkan preman pada entri ke 2 yaitu sebagai cara kerja, sebetulnya bisa menjadi identitas siapapun. Seseorang atau sekelompok orang bisa diberi label preman ketika ia melakukan kejahatan (politik ekonomi sosial) tanpa beban. Premanisme disini menjadi sebuah kecenderungan untuk merebut hak orang lain disertai dengan menunjukkan kekuatannya.

Premanisme yang masih eksis dan sulit dikendalikan tidak lepas dari keterlibatan aparat penegak hukum yang seakan-akan 'memelihara' keberadaan mereka sebagai salah satu bentuk dari simbiosis mutualisme kedua belah pihak. Premanisme seperti ini umumnya terselubung namun kerap dijumpai dalam lingkungan birokrasi Indonesia. Suka Hardjana, dalam bukunya yang berjudul *Jas wakil rakyat dan tiga kera: percikan kebijaksanaan* menyebutkan bahwa premanisme bias

---

[20] http://kamusbahasaindonesia.org/preman

[21] Fatah, R. Eep Saefulloh. *Mencintai Indonesia dengan Amal: Refleksi atas Fase Awal Demokratisasi.* Penerbit Republika, 2004.

berseragam ideologi, politik, maupun hukum, juga dengan metode santun maupun tidak santun. Premanisme tidak mengenal *common sense* dan mereka bertujuan untuk menekan, mempengaruhi, dan menguasai untuk mendapatkan keuntungan sebanyak-banyaknya, secepat-cepatnya tanpa resiko.[22]

Namun, tidak bisa dipungkiri bahwa premanisme ini sulit untuk dikendalikan. Kepolisian Republik Indonesia (POLRI) dalam kepemimpinan Jenderal Pol Bambang Hendarso Danuri pernah melakukan suatu aksi untuk mengatasi premanisme di lima kota besar di Indonesia dan dalam waktu 10 hari, 5012 preman berhasil ditangkap. Penangkapan preman-preman tersebut pada kenyataannya tidak dapat mematikan fenomena premanisme secara keseluruhan. POLRI hanya menangkap oknum-oknum yang diduga sebagai preman serta definisi preman yang ditangkap ini lebih ke arah 'yang diduga melakukan tindakan kekerasan', bukan preman 'kelas kakap' maupun fenomena premanisme dengan cakupan yang lebih luas.

Hubungan saling menguntungkan antara preman dengan penegak hukum misalnya dalam hal keamanan suatu wilayah, perizinan dan lainnya menjadikan premanisme tetap eksis dan tumbuh subur sebagai salah satu dari tangan-tangan penegakan hukum di Indonesia. Karena menurut *social exchange theory*[23] dari Peter Blau, pertukaran sosial yang saling menguntungkan bisa terjadi antara dua pihak yang saling membutuhkan. Pihak yang satu dengan yang lainnya akan mengharapkan imbalan dari pertukaran tersebut. Penegak hukum mendapatkan keuntungan dengan adanya preman yang akan memberikan imbalan bagi petugas jika wilayah yang mereka kuasai aman. Petugas pun merasa diuntungkan dengan imbalan yang diberi oleh preman, serta kemampuan preman untuk mengontrol lingkungannya.

Premanisme yang 'dipelihara' dalam penegakan hukum menjadi suatu penyakit yang dapat memperparah kondisi birokrasi Indonesia yang terkenal korup. Hubungan saling menguntungkan, yang disebutkan Peter Blau dalam *social exchange theory*, ini akan terus berlanjut selama satu pihak tetap menginginkan *reward* dari pihak lain. Terlebih lagi praktik ini marak sekali di masa orde baru, sehingga sampai sekarang sudah sangat sulit dikendalikan. Penegakan hukum Indonesia yang korup dan munculnya kelompok-kelompok ilegal yang memanfaatkan sumberdaya secara represif untuk mencari keuntungan, menjadikan pertukaran sosial diantara mereka berpotensi terjadi.

Secara ekonomi, tentu saja hal ini sangat merugikan, karena premanisme ini dapat dijadikan bisnis dalam penegakan hukum. 'Uang keamanan' serta pungutan-pungutan liar dan perizinan bisa menghasilkan keuntungan yang menjanjikan. Richard Quinney dalam buku *Criminology*, menulis mengenai *Criminal Justice – Industrial Complex* dimana penegakan hukum dijadikan lahan bisnis dengan pengadaan alat-alat serta teknologi yang terkait dengan pencegahan kejahatan. Hubungan simbiosis antara Negara dan sektor industri terus berkembang seiring dengan melebarnya sektor monopoli[24].

---

[22] Hardjana, Suka. *Jas wakil rakyat dan tiga kera: percikan kebijaksanaan*. Penerbit Buku Kompas, 2008.

[23] Calhoun, Craig J. *Contemporary sociological theory*. Wiley-Blackwell, 2007

[24] Quinney, Richard. *Criminology*. Little Brown & Company, 1979.

Mengacu pada *social exchange theory* serta *criminal justice - industrial complex*, maka penting sekali untuk mengetahui bagaimana fenomena premanisme yang terus hidup ini tidak lepas dari peran penegakan hukum di Indonesia, dimana hubungan simbiosis antara penegak hukum dan preman terus dibina demi keuntungan ekonomi yang ingin dicapai oleh segelintir oknum yang korup.

Pada *social exchange theory*[25] dari Peter Blau, pertukaran sosial yang saling menguntungkan bisa terjadi antara dua pihak yang saling membutuhkan. Pihak yang satu dengan yang lainnya akan mengharapkan imbalan dari pertukaran tersebut dan hubungan simbiosis yang terjadi itu, akan menimbulkan kepercayaan diantara satu sama lain. Hubungan ini akan terus berlanjut selama satu pihak tetap menginginkan *reward* dari pihak lain. Jurnal berjudul *Critical Reflections on Transnational Organized Crime, Money Laundering and Corruption* yang ditulis oleh Maurice Punch juga membantu menjelaskan mengenai hubungan antara penegak hukum, perusahan, serta pejabat yang korup. Selain itu Simpson dalam jurnal *Power, Identity, and Collective Action in Social Exchange* menulis bahwa posisi structural dapat mempengaruhi posisi tawar menawar dan bagaimana actor-aktor dari kelas bawah melawan ketidakadilan dalam tawar menawar dalam suatu pertukaran sosial.

Richard Quinney dalam buku *Criminology,* menulis mengenai *Criminal Justice – Industrial Complex* dimana penegakan hukum dijadikan lahan bisnis dengan pengadaan alat-alat serta teknologi yang terkait dengan pencegahan kejahatan. Hubungan simbiosis antara Negara dan sektor industri terus berkembang seiring dengan melebarnya sektor monopoli[26]. Hal ini didukung dengan buku *Corrupt Exchanges: Actors, Resources, and Mechanisms of Political Corruption: Social Problems and Social Issues* yang ditulis oleh Donatella Della Porta dan Alberto Vannucci. Dalam buku tersebut dijelaskan mengenai fenomena di Negara-negara berkembang, dimana terjadi hubungan antara korupsi dan pembangunan ekonomi.[27]

Contoh lain mengenai *criminal justice - industrial complex* bisa ditemukan Dalam buku *Introduction to Criminology: Theories, Methods, and Criminal Behavior* Oleh Frank E. Hagan, disebutkan mengenai "*gangster industrial complex*" yang menyinggung mengenai cara bekerja mafia-mafia serta keterlibatan penegak hukum yang korup dalam kegiatan Kriminal mereka.[28]

---

[25] Calhoun, Craig J. *Contemporary sociological theory.* Wiley-Blackwell, 2007

[26] Quinney, Richard. *Criminology.* Little Brown & Company, 1979.

[27] Porta, Donatella Della. Corrupt Exchanges: *Actors, Resources, and Mechanisms of Political Corruption: Social Problems and Social Issues.* Transaction Publishers, 1999

[28] Hagan, Frank E. *Introduction to Criminology: Theories, Methods, and Criminal Behavior.* SAGE, 2010

Kekerasan Dunia Maya (Terhadap Perempuan)

Sejarah dunia menunjukkan bahwa secara umum kaum perempuan dirugikan dalam semua bidang dan dinomor duakan oleh kaum laki-laki khususnya dalam masyarakat yang patriarki sifatnya. Dalam bidang-bidang sosial, pekerjaan, pendidikan, dan lebih-lebih politik hak-hak kaum ini biasanya memang lebih inferior ketimbang apa yang dapat dinikmati oleh laki-laki, apalagi masyarakat tradisional yang berorientasi agraris cenderung menempatkan kaum laki-laki didepan, di luar rumah dan kaum perempuan di rumah. Perempuan yang posisinya lebih inferior kemudian kerap menjadi sasaran kekerasan yang dilakukan oleh laki-laki. Perempuan rentan terhadap segala bentuk kekerasan dan eksploitasi, baik fisik, emosional, maupun seksual.

Bentuk-bentuk kekerasan dan eksploitasi yang dilakukan terhadap perempuan banyak jenisnya, namun yang sering ditemui adalah pelecehan seksual. Contoh yang paling sering ditemui di masyarakat adalah siulan-siulan atau komentar-komentar tidak senonoh yang dilontarkan oleh laki-laki terhadap perempuan yang mereka anggap menarik. Menarik disini umumnya dari segi fisik. Perempuan yang menjadi korban pelecehan seksual tersebut umumnya tidak berani melawan atau melaporkan apa yang dialaminya.

Seiring dengan kemajuan ilmu pengetahuan dan teknologi, kekerasan terhadap perempuan tidak hanya terjadi di dunia nyata saja, namun sudah merambah ke dunia maya atau internet. Internet adalah sebuah jaringan komputer elektronik yang menghubungkan manusia dengan informasi di seluruh dunia. Internet telah mengubah cara berkomunikasi menjadi lebih mudah, selain itu internet dapat digunakan sebagai sarana transaksi pembelian barang dan jasa, juga untuk hiburan. Penggunaan internet tampaknya akan terus bertambah, apalagi komunikasi lebih mudah dengan adanya surat elektronik atau e-mail. Seseorang di belahan dunia satu dengan belahan dunia lainnya dapat terhubung dalam hitungan detik. Gambar, file, serta suara dapat dikirimkan melalui sarana tersebut. Orang-orang yang tinggal di pelosok dapat membeli barang dari internet dengan harga yang sama atau bahkan lebih murah daripada di toko yang jaraknya jauh dari tempat mereka tinggal. Mereka yang tinggal jauh dari perguruan tinggi dapat mengambil kursus melalui internet atau melakukan penelitian tanpa pergi ke perpustakaan. Pencarian database seperti ensiklopedi atau direktori hanya dalam hitungan menit.

Selain memiliki dampak positif bagi perkembangan komunikasi dan informasi, banyak juga kerugian dan masalah yang ditimbulkan. Salah satunya adalah kekerasan terhadap perempuan.

Internet dan jejaring sosial seperti Facebook, Twitter, Friendster, dan lain sebagainya, selama 3 - 4 tahun belakangan menjadi media untuk menjalin relasi sosial, tempat menumpahkan segala pikiran, dan berbagi dokumentasi. Lebih dari 40 persen penggunanya adalah perempuan (data tahun 2009 dari Nawala Project, layanan penyaring konten negatif dari internet yang disponsori oleh Asosiasi Warung Internet Indonesia).[29] Bertemu dan terhubung dengan teman lama, menambah teman baru, melakukan *update* status, berkenalan, dan memperlihatkan koneksi sosial dan foto-foto merupakan kegiatan favorit yang dilakukan perempuan di situs jejaring sosial. Melalui internet, contohnya melalui situs jejaring sosial, perempuan juga dapat memenuhi keingintahuan mereka akan kondisi terkini orang-orang terdekat mereka, seperti bagaimana wajah mereka, kondisi mereka, dan keberadaan mereka. Konten di internet yang banyak memenuhi kebutuhan perempuan inilah yang menyebabkan sasaran dari para *attacker* adalah juga kaum perempuan.

Tren 10 tahun lalu, pengguna internet menggunakan anonimitas sebagai bentuk proteksi agar tidak mudah menjadi sasaran. Tetapi yang terjadi saat ini adalah perubahan perilaku. Pengguna internet melakukan *posting* peristiwa secara *real time,* spontan, setiap detik.[30] Perempuan kemudian menjadi rentan terhadap kekerasan. Identitas, dokumentasi pribadi, dan kegiatan mereka sehari-hari dengan mudah dilihat dan di unduh oleh para *attacker*. Hal ini menjadi masalah karena kemudian para *attacker* menggunakan data-data yang mereka ambil tanpa izin tersebut untuk berbagai tujuan.

Menurut survei *Tracking Survei* tahun 2004 oleh *The Pew Internet & American Life Project*, 26 persen laki-laki pengguna internet sering mengakses situs khusus laki-laki dewasa. Bandingkan dengan perempuan, hanya tiga persen yang punya kebiasaan serupa.[31] *Attacker* di dunia maya yang mengincar perempuan sebagai perempuan juga umumnya berjenis kelamin laki-laki. Berbagai situs porno yang memuat foto-foto perempuan dan informasi pribadi mereka tanpa seizin pemiliknya pun didominasi oleh *member* laki-laki.

Kekerasan terhadap perempuan di internet banyak jenisnya, dan semuanya memiliki dampak yang sangat merugikan baik secara fisik maupun emosional terhadap korbannya. Dari segi pelaku, eksploitasi terhadap perempuan di dunia maya juga memberikan keuntungan dari

---

[29] http://female.kompas.com/read/xml/2010/03/17/1454351/Waspada.Kasus.Kejahatan.Internet.

[30] http://female.kompas.com/read/xml/2010/03/17/12590416/perempuan.jadi.target.kejahatan.internet

[31] http://health.kompas.com/read/2010/01/04/13295487/Mengapa.Pria.Hobi.Melihat.Situs.Porno.

berbagai sisi: pribadi, sosial, dan ekonomi. Internet kemudian menjadi tempat yang tidak lagi aman bagi perempuan, diluar dari kenyamanan yang mereka berikan.

Salah satu bentuk dari kekerasan di internet adalah *Cyberstalking* atau pengunaan internet, e-mail, atau alat komunikasi lainnya untuk menguntit (*stalking*) seseorang.[32] Dari hasil penelitian yang dilakukan oleh Abrams dan Robinson pada tahun 2002 terhadap perempuan yang mengalami penguntitan dan dipermalukan setelah putus dari kekasihnya, ditemukan bahwa:

> *"Korban menderita depresi, kecemasan, rasa bersalah, malu, tidak berdaya, merasa hina, dilecehkan, dan kelainan stress paska trauma (Post Traumatic Stress Disorder atau PTSD). Penguntitan mempengaruhi sisi psikologis, interpersonal, dan fungsi okupasi perempuan. Hal ini menyebabkan perempuan tersebut dipecat dari pekerjaannya karena performa dan kehadirannya buruk."* (Abrams dan Robinson, 2002, p. 468)[33]

Setiap korban memiliki perbedaan dalam efek derita yang ditimbulkan, seperti yang dikemukakan oleh Finch pada tahun 2002:

> *"Respon terhadap penguntitan berkaitan dengan kondisi psikologis korban. Korban yang tidak merasa takut akan bersikap acuh. Korban juga merespon dengan beragam, dari kekaguman, tidak ada perubahan, hingga reaksi ekstrem seperti kerusakan psikis yang signifikan."* (Finch, 2002, p. 424)[34]

Kerabat korban juga kerap menjadi sasaran para *stalker* karena mereka dijadikan alat untuk mengumpulkan informasi dari target utama, seperti yang diungkapkan oleh Pathe (2002, p. 48). Para kerabat juga dapat merasakan efek yang tidak langsung setelah menjadi saksi penguntitan dan mendengar cerita korban, seperti ganguan psikologis.[35]

Selain penguntitan melalui media internet, ada pula pelecehan terhadap perempuan secara *online* (*online harassment*). McGraw (1995) menyatakan bahwa pelecehan di internet memiliki berbagai bentuk. Salah satu bentuk langsung dari pelecehan di internet adalah dengan mengirim e-mail berkonten kasar, mengancam atau tidak senonoh, dari satu orang ke orang lainnya.[36] Bentuk lainnya adalah pelecehan dimana informasi dan foto perempuan korban disebarluaskan di internet, sehingga menarik orang-orang untuk menghubungi korban. Pesan pesan tidak senonoh mengenai hal-hal yang berbau fantasi seksual membuat korban menjadi depresi.

---

[32] Newton, Michael. *The Encyclopedia of High-Tech Crime and Crime Fighting.* Infobase Publishing, 2004

[33] Bocij, Paul. *Cyberstalking: Harassment in The Internet Age and How to Protect Your Family.* Greenwood Publishing Group, 2004

[34] Ibid

[35] Ibid

[36] Wall, David. *Crime and The Internet.* Routledge, 2001

Penjelasan mengenai perempuan di internet dapat ditemukan di dalam teori *Cyberfeminism*. Cyberfeminism adalah teori representative dari feminisme gelombang ketiga yang dikenalkan pada awal 1990-an sebagai reaksi terhadap teori feminisme lama yang cenderung mengasumsikan indentitas perempuan secara universal atau esensial dan terlalu menekankan pada pengalaman perempuan kulit putih dari golongan menengah atas. Perspektif ini mengakui bahwa jender dapat mempengaruhi keaksaraan dan kehidupan *online* di internet yang dimediasi secara sosial (Hall, 1996). [37]

Cyberfeminism melihat gender sebagai konstruksi sosial secara *online* yang dapat membuat interaksi yang sama seperti di dunia nyata (Valentine dan Holloway, 2002). Ada perbedaan dalam hubungan kekuasaan antara perempuan dan laki-laki di dalam dunia digital sama seperti perbedaan kekuatan di dalam pola-pola bahasa diluar dunia maya. (Hawthrone dan Klein, 1999; Herring, 2001). Tujuan dari cyberfeminism adalah untuk mengubah situasi tersebut.

Pada masa lampau, cyberfeminist yakin bahwa dunia virtual menyediakan kesetaraan dan kesatuan melalui interaksi non fisik yang mencerminkan kenetralan jender (Haraway, 1991b). Cyberfeminist sekarang lebih menekankan bahwa di internet tidak mungkin perempuan meninggalkan tubuhnya dan berinteraksi di dunia virtual yang netral jender. Dalam mendeskripsikan hubungan antara tubuh dengan teknologi, Haraway (1991a, 1991b), pionir dalam cyberfeminism menggunakan istilah *"cyborg"* untuk merepresentasikan pandangannya terhadap pertemuan antara tubuh fisik dengan mesin. Tubuh dan mesin menjadi satu dan tidak jelas kapan individu memulai dan kapan teknologi mengahirinya. Pemikirannya, *"Cybog Manifesto"* (1991a), menghadirkan sebuah gelombang baru dalam pemikiran femini mengenai perwujudan dan penggambaran perempuan di dunia virtual.

Bury (2005) menyatakan bahwa jender dapet diketahui dari bahasa, terkoneksi anatara tubuh dengan identitas online. Walaupun tubuh fisik tidak ada di dunia maya, jenis tubuh baru lahir melalui kata-kata dan gambar di dalam komunitas sosial internet. Pada pandangan ini, terdapat koneksi intim antara tubuh dengan pikiran, seperti komunitas virtual yang juga berasal dari dunia nyata.

Tanda-tanda identitas seperti jender, ras, etnis, dan usia terlihat jelas di dunia virtual (Thomas, 2007, p. 6). Satu studi dilakukan terhadap remaja perempuan mengenai bagaimana ia membentuk identitas melalui *chatting online*, remaja ini menggunakan kata-kata dan gambar untuk mengkreasikan eksistensinya secara virtual mealalui kecantikan yang menurutnya ideal. Remaja ini membuat gambar dirinya yang merepresentasikan feminitas.

---

[37] Baker, Elizabeth A. *The New Literacies: Multiple Perspectives on Research and Practice*. Guilford Press, 2010

Kekerasan dalam Kelompok Kekultusan

Satanic Ritual Abuse, atau biasa disingkat menjadi SRA bermula dari kepanikan moral di Amerika yang terjadi di awal tahun 1980an dimana banyak bermunculan kelompok-kelompok reliji beraliran Satanic yang melakukan berbagai pelanggaran hukum dengan dalih bahwa hal tersebut adalah bagian dari ritual keagamaan mereka. Salah satu bentuk SRA yang paling sering adalah pelecehan seksual terhadap anak. Kenneth V. Lanning dari FBI menjelaskan dalam laporannya yang berjudul "Satanic Ritual Abuse: a 1992 FBI Report" mengenai berbagai penyebab dari SRA terhadap anak, seperti doktrin dari kepercayaan yang dianut oleh pelaku, atau memang fantasi seksual pelaku itu sendiri sehingga mencari pembenaran dalam sisi relijinya.

Sejak awal kemunculan SRA tahun 1980an hingga dibuatnya laporan oleh Kenneth, kasus-kasus tersebut semakin banyak bermunculan sehingga aparat penegak hukum mulai memberikan perhatian dengan berbagai sosialisasi untuk meningkatkan kinerjanya. Apalagi umumnya pelaku SRA terhadap anak berupa kelompok-kelompok yang terorganisir dan pandai menyembunyikan jejaknya. Anak-anak yang menjadi korban juga diancam sedemikian rupa agar tidak mengadukan apa yang mereka alami kepada orang lain.

SRA berupa pelecehan seksual terhadap anak memang paling banyak terjadi, selain di Amerika, ada pula kasus serupa di Negara lain, contohnya di Wales, Britania Raya. Disana terjadi kasus SRA oleh sex cult yang memakan korban puluhan anak-anak dan anak muda.

Pada awal Maret 2011, empat orang anggota termasuk pemimpin dari Kidwelly sex cult dinyatakan bersalah oleh Swansea Crown Court atas pelecehan seksual terhadap anak-anak dan anak muda. Kelompok ini adalah kelompok reliji yang dikategorikan sebagai "Satanic Sex Cult". Anggota-anggotanya diinisiasi dalam sebuah upacara yang melibatkan hubungan seksual dengan orang dewasa, dimana yang tidak mau melakukan akan diancam dibunuh. Mereka juga dipaksa untuk terlibat dalam pelacuran. Aliran ini mengaku terinspirasi dari tokoh okultis ternama Aleister Crowley yang terkenal dengan ajaran Thelema-nya. Pada saat upacara berlangsung, mereka diwajibkan membaca "Book of Law" Crowley, mengenakan jubah, dan beberapa dari mereka diperintahkan untuk memakai kalung salib yang dibalik.

Colin Badley, 48 tahun, sekaligus pemimpin Kidwelly sex cult menggunakan posisinya tersebut untuk melakukan pelecehan seksual terhadap anak-anak. Istrinya, Ellin Bradley, 47 tahun, pun turut terlibat dalam SRA yang dilakukan oleh sex cult suaminya tersebut. Salah seorang korban dari Colin bersaksi kepada hakim bahwa ia sempat hamil dan diancam oleh Colin bahwa anak yang ia kandung adalah anak "keramat" sehingga tidak boleh diberitahukan kepada siapapun. Anggota-anggota dari Kidwelly sex cult ini juga melakukan pemerkosaan terhadap anak-anak jalanan.

Tentang Penulis

Hesti Wulandari lahir di Jakarta pada tahun 1989. Ia menyelesaikan kuliahnya di Universitas Indonesia dengan gelar Sarjana Sosial pada bidang studi Kriminologi di tahun 2012.

Hesti gemar menghabiskan waktu luangnya melakukan penelitian mikro di internet, baik tentang subjek umum maupun yang menyimpang dari standar komunal.

Penikmat teh tarik dan teh hijau ini berencana melanjutkan studinya ke Pascasarjana untuk memuaskan haus akademiknya.

Hesti bisa dihubungi melalui e-mail hesti@windowslive.com

www.ingramcontent.com/pod-product-compliance
Lightning Source LLC
Chambersburg PA
CBHW080845170526
45158CB00009B/2636